Das „Interesse" im Versicherungsrecht

Von

Victor Ehrenberg

Aus der Festgabe der Leipziger Juristenfakultät für Rudolph Sohm

München ▪ Verlag von Duncker & Humblot ▪ Leipzig
1915

Das „Interesse" im Versicherungsrecht[1].

Von

Victor Ehrenberg.

---
[1] Gebrauchte Abkürzungen (außer den üblichen): „Kisch, Jh. 63" bedeutet die Abhandlung dieses Verfassers in Jherings Jahrbüchern Bd. 63 S. 361 ff. — „Weygand" bedeutet: Weygand, die Grundzüge der Kundenversicherung (Berlin 1914; Leipziger Diss.). — „Lenné" bedeutet: Lenné, das Versicherungsgeschäft für fremde Rechnung (Marburg 1911; Heymanns „Arbeiten" Nr. 9). — „Cahn" bedeutet: Fritz Cahn, der Wechsel des Interessenten im Rechte der Schadenversicherung (Mannheim 1914, Freiburger Sammlung I, 1).

Inhalt.

		Seite
§ 1. Einleitung: Gegenstand und Interesse		3

Erster Abschnitt. Das Interesse.

§ 2. 1. Das versicherbare Interesse 11
      2. Arten des versicherbaren Interesses.
§ 3.   a) Im allgemeinen 21
§ 4.   b) Das Substanz-(Verwertungs-)Interesse 27
§ 5.   c) Das Nutzungsinteresse 35
§ 6.   d) Das Haftpflichtinteresse 38

Zweiter Abschnitt. Der Interessent.

§ 7. 1. Die Bedeutung der Person des Interessenten für die Schadens-
         versicherung 46
§ 8. 2. Subjektives und objektives Interesse 52

Dritter Abschnitt.

§ 9. Versicherung mehrerer Interessen an demselben Gegenstande . . . 62

§ 1.
Einleitung: Gegenstand und Interesse.

Bei der Schadensversicherung erhält der Inhalt des Versicherungsvertrages seine konkrete Bestimmtheit regelmäßig durch die Vereinbarung über Gegenstand und Interesse.

I. Gegenstand nennen wir dasjenige wirtschaftliche Gut, „auf das sich die Versicherung bezieht" (so VVG. § 30, HGB. § 810), und in den meisten Fällen ist dies dasjenige Gut (Sache, Sachgesamtheit, Forderung), an dem sich die befürchtete schadenbringende Tatsache (zum Nachteil des Versicherten) betätigt[2]. In der Regel erhält schon durch Vereinbarung über diesen Gegenstand der Vertrag seine genügende Bestimmtheit, z. B. wenn jemand sein Haus bei einer Feuerversicherungsgesellschaft versichert, aber allerdings nur deshalb, weil in diesem Falle nicht zweifelhaft ist, welches Interesse an dem Hause unter Versicherung gebracht werden soll (nachher Seite 28). Meistens muß der Gegenstand individuell bezeichnet sein, damit der Inhalt des Versicherungsvertrages ausreichend bestimmt ist, es kann aber auch sein, daß hierzu die Angabe gewisser Merkmale oder Beziehungen genügt, der Gegenstand wird dadurch bestimmbar, letzteres z. B., wenn der Käufer oder der jeweilige Besitzer einer gewissen Schutzvorrichtung (z. B. eines Fahrradverschlusses) gegen Diebstahl derjenigen Sache (Fahrrad) versichert sein soll, an welcher diese

---

[2] Im HGB. § 778 wird das Interesse als „Gegenstand der Versicherung" bezeichnet, und manche Schriftsteller üben auch jetzt noch diesen Sprachgebrauch; aber das, was im Text als „Gegenstand" bezeichnet ist, bedarf einer besonderen Bezeichnung (Ehrenberg, Versicherungsrecht I S. 278). Das HGB. verwendet auch hierfür dasselbe Wort „Gegenstand" (z. B. § 794); das ist natürlich irreführend.

Schutzvorrichtung angebracht ist[8]. Mit dieser Individualisierung beim Vertragsschluß ist nicht die nachträgliche Identifizierung (besonders nach Eintritt des Versicherungsfalles) zu verwechseln (unten S. 48).

Eine Sonderstellung nimmt hier, wie in so vielen Beziehungen, die Haftpflichtversicherung ein; darauf ist unten S. 40 f. näher einzugehen.

II. Interesse ist in der Rechtssprache ein sehr vieldeutiger Ausdruck, indessen läßt sich überall ein einheitlicher Grundgedanke feststellen: sobald nämlich irgendein Umstand unter den Gesichtspunkt des Nutzens oder Schadens, des Vorteils oder Nachteils gestellt wird, löst er sprachlich den Ausdruck „Interesse" aus, und zwar einerlei, ob es sich um wirtschaftliche oder um ideelle Bewertung handelt (eheliche Interessen BGB. § 1358, öffentliches Interesse §§ 679, 2194).

Nur in der Kürze sollen hier einige ganz allgemeine Unterscheidungen hervorgehoben werden. Das Bürgerliche Gesetzbuch sagt häufig, daß jemand an einem gewissen Umstande, z. B. an der Gültigkeit einer Erklärung (§ 122 I) oder an einer Leistung (§ 286) ein Interesse oder kein Interesse hat (oder auch, daß ein solcher Umstand für ihn Interesse oder kein Interesse hat); es spricht davon, daß ein Umstand, z. B. die Erwerbstätigkeit einer Ehefrau, die ehelichen Interessen beeinträchtige (§ 1358), oder daß umgekehrt etwas dem Interesse gewisser Personen entspreche (§ 745) oder in deren Interesse gelegen sei (§ 1859), oder daß ihr Interesse etwas erfordere (§§ 677, 1873); es schreibt vor, das Interesse der Beteiligten zu schonen (§ 1019) und spricht von dem Gegensatz des Interesses einer Person zu dem einer anderen (§§ 1796, 1874). Oft hätte hier auch ein anderer Ausdruck, z. B. „Vorteil" oder „Nutzen" gewählt oder es hätte die Wendung gebraucht werden können, daß der Umstand zum Besten einer Person gereiche oder zu ihren Gunsten erfolge, wie denn

---

[8] Kisch, Jh. 63 S. 405. Bei der Personen-(Lebens-, Unfall-)Versicherung ist dies häufiger (Zeitungsabonnenten).

§ 1. Einleitung: Gegenstand und Interesse.

in der Tat solche Ausdrücke und Wendungen häufig da gebraucht werden (z. B. §§ 5, 1019, 1090), wo man ebensogut vom „Interesse" hätte sprechen können.

Das Bürgerliche Gesetzbuch ist also weit davon entfernt, den Ausdruck als einen technischen zu gebrauchen, anders die Versicherungsgesetzgebung. Allerdings gebraucht nicht nur das Aufsichtsgesetz (VAG)[4], sondern auch das Gesetz über den Versicherungsvertrag (VVG.) gelegentlich das Wort in einem allgemeineren, untechnischen Sinne (§§ 26, 93), aber regelmäßig verbindet es damit einen ganz festen Begriff (so in den §§ 51, 57, 58, 59, 68, 87), und zwar denselben wie das Handelsgesetzbuch (§§ 778, 781, 789, 882, 883, 884 Z. 1), nämlich **eine Beziehung, kraft deren jemand (der sog. Interessent) durch eine im Versicherungsvertrag vorgesehene Tatsache (den Versicherungsfall) einen Vermögensnachteil erleiden kann.**

1. Also auch im Versicherungsrecht handelt es sich darum, daß ein Umstand unter dem Gesichtspunkt des Nachteils gewertet wird[5], aber dieser allgemeine Gedanke erhält hier eine feste Gestalt einmal dadurch, daß der Umstand stets in einer Beziehung und zwar regelmäßig in einer Beziehung zu dem versicherten Gegenstande (oben I) besteht und sodann dadurch, daß der in Aussicht genommene Nachteil stets ein Vermögensnachteil, also wirtschaftlicher Natur ist.

Aber nicht jede derartige wirtschaftliche Beziehung kann ver-

---

[4] Z. B. § 7 „wenn ... die Interessen der Versicherten nicht hinreichend gewahrt sind."

[5] Kisch, Jh. 63 S. 362 definiert das Interesse selbst als „den Vorteil, den der Nichteintritt eines bestimmten schädigenden Ereignisses für den Versicherten darstellt." Daß jemand durch das Nichtabbrennen seines Hauses, durch den Nichtuntergang seines Schiffes oder dadurch, daß sein Besucher auf der unbeleuchteten Haustreppe nicht den Hals bricht, einen „Vorteil" hat, ist eine sehr ungewöhnliche Vorstellung und eine dem Geist unserer Sprache nicht gemäße Ausdrucksweise. Die Bezeichnung eines Erwerbsentganges (lucrum cessans) als Vermögensnachteil oder Schaden entspricht auch nicht völlig dem Geist der deutschen Sprache, ist aber doch viel erträglicher.

sichert werden; daher werden wir zunächst den Begriff des versicherbaren Interesses festzustellen haben (§ 2).

2. Ein Interesse ist vorhanden, wenn jemand einen solchen Vermögensnachteil erleiden kann, diese **Möglichkeit** ist erforderlich, genügt aber auch. Der Interessebegriff im Sinne des Versicherungsrechts hat also ausschließlich die Richtung auf die Zukunft, nicht auf die Vergangenheit oder Gegenwart. In der Rechtssprache aber ist es üblich, auch den bereits entstandenen, gegenwärtigen Schaden als „Interesse" zu bezeichnen. So sagt man, daß der X dem Y das — positive oder negative — Interesse zu ersetzen habe, oder daß Y gegen X einen Anspruch auf Ersatz des Interesses habe, das Bürgerliche Gesetzbuch selbst spricht (§ 122) von dem Betrag des Interesses; in Wahrheit meint man hier nicht den künftigen möglichen, sondern den wirklich entstandenen Schaden, auch der Gesetzgeber hat bei seiner Vorschrift nur diesen im Auge, und deshalb gebraucht er in solchen Fällen auch regelmäßig die Ausdrücke „Schaden" und „Schadensersatz"; der in der Rechtswissenschaft übliche Sprachgebrauch hat aber für das Versicherungsrecht sehr irreführend gewirkt (nachher S. 10).

Die Richtung des Interessebegriffs auf die Zukunft wird auch durch das Wort „**Gefahr**" zum Ausdruck gebracht, welches die Möglichkeit eines (wirtschaftlichen) Nachteils bedeutet[6]; aber materiell wird dadurch nichts gewonnen[7].

---

[6] Ehrenberg, Handbuch S. 4 f. Die Möglichkeit, nicht die Wahrscheinlichkeit (wie Cahn, S. 24 behauptet), denn sonst wären z. B. der Feuersgefahr höchstens die Leimsiedereien und ähnliche Betriebe ausgesetzt, nicht aber die übrigen Gebäude, und deren Eigentümer hätten also nach Cahn kein versicherbares Interesse. Wenn die Möglichkeit des Nachteiles sich der Wahrscheinlichkeit nähert, dann spricht man von großer oder starker Gefahr, wenn sie sich von ihr entfernt, von geringer oder schwacher Gefahr.

[7] Cahn will eine dreifache Bedeutung des „Wortes" Gefahr (so richtig S. 24, also drei Begriffe für das eine Wort, unrichtig S. 25: Dreiteilung des Gefahrs-„Begriffes") herausbringen, nämlich: 1. im Sinne des täglichen Sprachgebrauches (wie oben im Text bzw. in Anm. 6), 2. casum sentit dominus, 3. f. g. periculum obligationis, Übergang und Tragung der

§ 1. Einleitung: Gegenstand und Interesse.

3. Ein Interesse ist nur soweit vorhanden, als die Möglichkeit des Vermögensnachteils besteht, d. h. der Umfang des Interesses begrenzt auch den Umfang des möglichen Schadens und damit bei der Schadensversicherung den Umfang des Ersatzes. Dieser Umfang drückt sich in einem Urteil über den Geldwert, in einer Schätzung (Taxation) aus, und damit wird „Interesse" sprachlich auch zu einer Wertbezeichnung: nicht nur die Beziehung selbst, sondern auch ihren Wert bezeichnen wir als „Interesse", und zwar sowohl im Ausblick auf die Zukunft den möglichen Nachteil (hier nennen wir ihn Versicherungswert) wie in der Richtung auf die Vergangenheit (hier bezeichnen wir ihn als „Schaden", bedauerlicherweise auch, wie unter 2 ausgeführt wurde, als „Interesse) und sagen z. B., „das Interesse" beträgt 1000 Mark. In dieser Bedeutung des Wortes sprechen wir dann auch von dem großen (starken) oder dem geringen (schwachen) Interesse, welches jemand an der Erhaltung eines Gegenstandes hat; wenn wir diese Ausdrücke auch verwenden, je nachdem die Gefahr (die Wahrscheinlichkeit des Verlustes) eine große oder geringe ist (S. 6 Anm. 6), dann verwechseln wir das Interesse im Sinne des Versicherungsrechts mit dem Motiv zum Abschluß eines Versicherungsvertrags[8] (unten S. 13 u. 32).

4. Das Interesse im Sinne des Versicherungsrechts, d. h. im Ausblick auf die Zukunft besteht also in einer Beziehung, und zwar da, wo der Versicherungsvertrag auf einen bestimmten (oder bestimmbaren) Gegenstand konzentriert ist (oben I), in einer Beziehung zu diesem Gegenstande. Derartiger Beziehungen zu einem und demselben Gegenstande gibt es aber mehrere, und daher er-

---

Gefahr z. B. nach BGB. § 446; aber er stößt diese Dreiteilung selbst wieder um, da die beiden Begriffe unter 2 und 3 einander nicht koordiniert seien, sondern im Verhältnis von Regel und Ausnahme zueinander ständen: also wäre es dieselbe „Gefahr", die dort der Eigentümer, hier ein anderer zu tragen hat. Dabei kommt also nichts heraus; praktisch wichtige Fragen für das Versicherungsrecht s. dagegen unten Seite 20, V.

[8] In dieser Beziehung herrscht noch viel Unklarheit in der Literatur vgl. z. B. Weygand S. 30.

möglicht die Einführung des Interessebegriffs in das Versicherungsrecht die Versicherung verschiedenartiger Interessen an demselben Gegenstande: das ist seine erste und Hauptbedeutung.

a) Infolgedessen ist es notwendig, daß beim Abschluß des Vertrags eine Vereinbarung über die Art des zu versichernden Interesses stattfindet[9]. Was aber unter „Arten" des versicherbaren Interesses zu verstehen ist, darüber wird gerade neuestens wieder lebhaft gestritten und deshalb scheint hier eine Nachprüfung besonders geboten (unten §§ 3—6).

b) Da der Wert eines jeden dieser verschiedenartigen Interessen zugleich den möglichen Nachteil (Schaden) bestimmt (Versicherungswert) und damit die höchste Ersatzleistung des Versicherers begrenzt, so kennt man, wenn man diesen Wert schon beim Abschluß des Vertrages kennt, gleichzeitig den Maximalertrag der Ersatzleistung und kann danach unter Zugrundelegung der Größe der Gefahr (Gefahrenklassen) die Prämie in rationeller Weise bestimmen, und hierin zeigt sich eine weitere Bedeutung des Interessebegriffs.

Man kann zwar den Versicherungsvertrag auch ohne Kenntnis des Versicherungswertes abschließen, indem man die Prämie nach einer zunächst willkürlich vereinbarten Maximalleistung (der sog. Versicherungssumme) bestimmt; diese Summe soll aber den Versicherungswert nicht überschreiten und wird also später nötigenfalls herabgesetzt, eventuell auch unter Herabsetzung der Prämie. Wenn bei unbekanntem Versicherungswert auch keine Versicherungssumme vereinbart wird, ist eine rationelle Bestimmung der Prämie überhaupt nicht möglich.

c) Unrichtig ist die Ansicht, daß der Interessebegriff im Sinne des Versicherungsrechts (also im Ausblick auf die Zukunft) auch notwendig sei zur Durchführung des Grundsatzes, daß die Ver-

---

[9] Was unter „Versicherung der Sache selbst" zu verstehen ist, darüber s. unten Seite 28.

sicherung zu keinem Gewinn führen dürfe. Dies beruht auf einer Verwechslung mit dem Interessebegriff im Sinne der Rechtssprache (oben S. 6), wonach niemals mehr als „das Interesse", d. h. der wirklich entstandene Schaden ersetzt werden darf: dieser Schaden muß also festgestellt werden, und er kann das Interesse im Sinne des Versicherungsrechts (nämlich den **möglichen** Schaden) niemals überschreiten, wohl aber kann er, sogar beträchtlich, hinter ihm zurückbleiben.

5. **Im Versicherungsrecht gibt es kein Interesse ohne einen Interessenten**, d. h. ohne eine Person, welche in einer solchen Beziehung steht, wie sie oben Seite 5 charakterisiert wurde. Zwar verwendet die Sprache den Ausdruck „Interesse" ohne jede Rücksicht auf eine Person, so in der bereits angeführten Wendung „öffentliches Interesse", und wenn man sich hier zur Not noch den Staat oder einen Kommunalverband als den „Interessenten" vorstellen kann, so verflüchtigt sich diese persönliche Beziehung außerhalb der Rechtssprache vollständig in der Wendung, daß dieses oder jenes dem Interesse der Wissenschaft, dem Interesse des Verkehrs diene, oder daß es im Interesse der Menschlichkeit, im Interesse der Kultur angestrebt oder verhindert werden müsse. **Aber ein versicherbares Interesse ist ohne einen Interessenten nicht möglich.**

Wohl aber ist es möglich, sich ein versicherbares Interesse ganz abstrakt, ohne einen bestimmten, konkreten Interessenten vorzustellen, und für die Klarlegung der verschiedenen Arten des versicherbaren Interesses ist dies sogar notwendig, denn diese Arten tragen einen typischen, von der Person des jeweiligen Interessenten unabhängigen Charakter. Davon zu unterscheiden ist der Wert des Interesses, der an sich von der Lage abhängt, in der sich gerade dieser oder jener Interessent befindet. Indessen auch der Wert mancher versicherbaren Interessen trägt bis zu einem gewissen Grade einen typischen Charakter, indem er in der Regel ein sog. gemeiner oder gar ein Marktwert ist, oder es wird doch wenigstens — ähnlich wie im Frachtrecht —

durch Gesetz bestimmt bzw. durch Vertrag vereinbart, daß dem Interessenten nur dieser Wert ersetzt werden soll: dann ist insoweit auch für den Wert des Interesses die Person des Interessenten gleichgültig.

Aber damit soll keineswegs gesagt sein, daß selbst in solchen Fällen die Person des Interessenten überhaupt für den Versicherungsvertrag gleichgültig sei, vielmehr muß die Frage, welche Bedeutung der Person des Interessenten bei der Schadensversicherung zukommt, gründlich nachgeprüft werden, da sie gleichfalls in neuester Zeit wieder stark umstritten ist (siehe Abschnitt 2). Nur zunächst (für Abschnitt 1) bitte ich, von dieser Person völlig abzusehen — eine Abstraktion, die allerdings dem Juristen nicht geläufig ist und deshalb erfahrungsgemäß schwer fällt; denn infolge des üblichen Sprachgebrauchs (oben S. 6) versteht er unter „Interesse" gerade nur den Schaden, den eine bestimmte Person unter den besonderen Umständen des konkreten Falles erlitten hat oder erleiden wird.

6. Wie oben S. 8 schon erwähnt, können mehrere verschiedenartige wirtschaftliche Interessen an ein und demselben Gegenstande bestehen, und zwar können sie derselben Person oder verschiedenen Personen zustehen. Umgekehrt kann auch ein und dasselbe wirtschaftliche Interesse mehreren Personen zustehen, und zwar so, daß es in identischen oder in verschiedenen subjektiven Rechten seinen Ausdruck findet.

Überall, wo mehrere Interessen oder wo mehrere Interessenten in Betracht kommen, tauchen wichtige versicherungsrechtliche Fragen auf, nämlich einmal, wie in solchen Fällen der **Abschluß der Versicherung** und sodann, wie die **Verfügung über den Versicherungsanspruch und seine Geltendmachung** zu erfolgen hat. Auf diese Fragen, welche teilweise in engem Zusammenhang stehen mit der Frage, ob auch ein Nichtinteressent im eigenen Namen einen Versicherungsvertrag eingehen, über den Versicherungsanspruch verfügen und ihn geltend machen kann, also mit der sogenannten Versicherung für fremde Rechnung, soll im dritten Abschnitt kurz eingegangen werden.

Erster Abschnitt. Das Interesse.
§ 2.
1. Das versicherbare Interesse.

Nicht jedes wirtschaftliche Interesse ist versicherbar (oben S. 5 f.), vielmehr müssen dafür gewisse Voraussetzungen vorhanden sein.

I. Das Interesse muß ein rechtlich erlaubtes sein, d. h. es darf nicht einem Verbotsgesetze widersprechen oder gar gegen die guten Sitten verstoßen (Kontrebande, Schmuggel, Bordellbetrieb usw.)[1], aber die Beziehung, kraft deren ein Interesse an dem versicherten Gegenstande besteht, braucht nicht rechtlicher Natur zu sein, es genügt, daß sie wirtschaftlicher Natur ist[2]; nur vereinzelt ist das Gegenteil behauptet worden[3]. Die Stellung der Rechtsordnung zum Begriff des versicherbaren Interesses ist folgende:

1. Sehr häufig, ja meistens ist das versicherbare Interesse durch die Rechtsordnung geschützt und manifestiert sich also in Gestalt eines subjektiven Rechts oder verschiedener subjektiver

---

[1] Hierüber ausführlich und tiefgründig Kisch im Archiv für bürgerliches Recht 40 S. 1 ff., der S. 14 ff. auch speziell den Einfluß des Krieges auf deutsche Versicherungsverträge behandelt, und S. 27 ff., soweit solche Verträge das Ausland berühren; über die Wirkung der Unversicherbarkeit des Interesses derselbe S. 31 ff.

[2] So bei Versicherung des imaginären Gewinns, oder wenn der Leichterschiffer, ohne einen Rechtsanspruch darauf zu haben, bei glücklicher Ankunft des Schiffes sicher darauf rechnen darf, mit der Leichterung des Schiffes betraut zu werden. Gegen die Annahme, daß jedem Interesse ein subjektives Recht zugrunde liege, siehe auch nachher Seite 12 Ziffer 2. — Daß umgekehrt eine rechtliche Beziehung ohne eine zugrundeliegende wirtschaftliche gar nicht denkbar sei (so Weygand S. 18), wird schon durch rein freundschaftliche Treuhandsverhältnisse widerlegt.

[3] Körte, die Voraussetzungen des Schadensversicherungsvertrags, insbesondere der Begriff des Interesses (Diff. 1908).

Rechte. Alsdann hängt die Frage, wer das Interesse hat, in der Regel davon ab, wem das betreffende Recht, z. B. Eigentum zusteht; aber notwendig ist dies keineswegs (s. § 4).

2. Nicht selten liegt dem versicherbaren Interesse umgekehrt eine Verpflichtung zugrunde, z. B. die Verpflichtung, für den versicherten Gegenstand zu haften (darüber s. unten § 6) oder auch sonst „die Gefahr zu tragen", z. B. den Kaufpreis bezahlen zu müssen, ohne bereits die Sache empfangen zu haben (BGB. § 447).

3. Der Umfang und damit meist auch der Wert eines versicherbaren Interesses hängt sehr häufig von dem Inhalt des subjektiven Rechts ab, in welchem es sich rechtlich manifestiert, oder von dem Inhalt der Verpflichtung, die ihm zugrunde liegt, also einmal von deren längerer oder kürzerer Dauer und sodann von dem Umfang der Befugnisse oder Pflichten, die darin enthalten sind. Darüber siehe unten Seite 22, 25 und Seite 66, b. Indessen ist es auch denkbar, daß das Interesse als eine rein wirtschaftliche Beziehung den rechtlichen Zustand überdauert und über dessen Inhalt hinausgeht.

Andererseits kann es sein, daß das subjektive Recht noch kein gewisses, z. B. noch von dem Eintritt oder Ausfall einer Bedingung abhängig ist, und daß damit also auch das wirtschaftliche Interesse in Frage gestellt ist. Darüber siehe nachher V.

II. Jedes Interesse läßt einen Vermögensnachteil (Schaden) als möglich erscheinen, aber um versicherbar zu sein, muß diesem Vermögensnachteil eine Ersatzmöglichkeit entsprechen. Eine Ersatzmöglichkeit aber in dem Sinne, daß der frühere Zustand, wie er vor Eintritt des Schadens vorhanden war, wieder hergestellt wird, ist, von seltenen Ausnahmefällen abgesehen, ausgeschlossen; in der Regel kann nur eine Geldentschädigung stattfinden, und dazu ist erforderlich, daß der entstandene Schaden sich in Geld feststellen läßt; wollte man statt dessen eine beliebige, willkürlich vereinbarte Geldsumme gewähren, so würde die Grenze zwischen Schadens- und Summenversicherung auf-

§ 2. Das versicherbare Interesse.

gehoben und der Grundsatz, daß die Schadensversicherung nicht zu einem Gewinn führen soll, verletzt sein.

1. Auch wenn der Schaden nicht feststellbar ist, kann man sehr wohl noch von einem „Interesse" sprechen, denn in der Tat besteht eine Beziehung, kraft deren durch Eintritt eines bestimmten, an sich eine Versicherungsgefahr bildenden Ereignisses ein Vermögensnachteil entstehen kann; auch kann derjenige, welcher in einer solchen Beziehung steht, dadurch einen starken Anreiz erhalten, einen Versicherungsvertrag einzugehen. Aber wenn nicht noch **andere** Beziehungen, wirkliche **versicherbare** Interessen vorhanden sind, die durch diesen Vertrag ebenfalls gesichert werden sollen — mögen sie nun ihm selber oder anderen Personen zustehen —, so erwächst aus einem solchen Vertrage niemals ein Versicherungsanspruch. So ist z. B. das Interesse, das ein Handwerker oder ein Lagerhalter daran hat, daß die ihm zur Reparatur oder zur Aufbewahrung übergebenen Sachen gegen Feuer und Diebstahl versichert sind — falls er nicht etwa ein Pfandrecht an ihnen hat (nachher S. 17 f.) oder für sie haftpflichtig ist (unten § 6), kein Interesse im Sinne des Versicherungsrechts. Der Wunsch und die Hoffnung, daß eine solche (vertragsmäßig nicht erforderliche) Fürsorge für seine Kunden ihm bei diesen und überhaupt beim Publikum nützen, also seine Kundschaft vergrößern oder wenigstens deren Verlust im Falle eines Brandes oder Einbruchs verhüten werde, kann ein Anreiz, ein Motiv zum Abschluß eines Versicherungsvertrags im Interesse seiner Kunden (sog. Versicherung für fremde Rechnung) sein, bildet aber nimmermehr ein eigenes versicherbares Interesse. Vgl. oben Seite 7 und nachher Seite 20; auch unten Seite 32 und Seite 69. Dieser Verwechslung von Motiv und versicherbarem Interesse begegnet man sehr häufig[4]; der Unterschied wird ohne

---

[4] Lenné S. 68, Weygand S. 60 („das Interesse, keine Differenzen mit den Kunden zu bekommen"). Anders für den Fall, daß ein gegen Überschwemmungsgefahr versicherter Grundeigentümer einen **nicht** dieser Gefahr ausgesetzten Teil seines Grundstücks veräußert (Cahn S. 47): hier hat der

weiteres klar, sobald man sich den Versicherungsfall eingetreten denkt: dem angeblichen Interesse entspricht kein feststellbarer Schaden und keine Ersatzleistung. Sollten also in obigen Beispielen die wahren Versicherungsinteressenten (in der Regel die Eigentümer der verbrannten oder gestohlenen Sachen) den Anspruch aus dem Vertrage zurückweisen, so behält der Versicherungsnehmer (Handwerker, Lagerhalter) seinerseits schlechterdings keinen Anspruch übrig. Daß eine solche Zurückweisung selten vorkommen wird[5], ist natürlich kein Gegenargument.

2. Je exakter sich der Schaden feststellen läßt, um so mehr wird die Versicherung dem Ideal einer Schadensversicherung gerecht; umgekehrt je weniger exakt eine solche Feststellung möglich ist, um so weiter entfernt sie sich von dem Wesen einer Schadensversicherung. Daher ist die Haftpflichtversicherung die vollkommenste Art der Schadensversicherung, weil die Unkosten, die dem Versicherungsnehmer aus dem — wirklichen oder angeblichen — Haftpflichtfall erwachsen (also auch die bloßen Rechtsschutzkosten) bis auf den Pfennig feststehen. Umgekehrt läßt sich auch bei manchen Interessen der Wert des entstandenen Schadens nur approximativ ermitteln, so besonders wenn es sich um den Ertrag eines kaufmännischen oder industriellen Unternehmens, insbesondere um den Unternehmergewinn (Feuerversicherung gegen Betriebsverlust) handelt. Immerhin werden solche Interessen mehr und mehr zu den versicherbaren gerechnet (nachher S. 15).

III. Ein ähnliches Problem (Unmöglichkeit korrekten Ersatzes) tritt dann hervor, wenn der Kausalzusammenhang zwischen dem schadenbringenden Ereignis und dem entstandenen Schaden sich der Feststellung entzieht; und zwar handelt es sich häufig

---

Erwerber in der Tat, was die Überschwemmungsgefahr anbetrifft, kein versicherbares Interesse (und VVG. § 69 wird daher nicht Anwendung finden), wohl aber z. B. in Bezug auf die Hagelgefahr und Hagelversicherung; es fehlt eben wegen der Lage des Grundstücks für Jedermann, nicht nur für bestimmte Personen das versicherbare Interesse, und damit auch jeder Grund zum Abschluß eines Versicherungsvertrags gegen Überschwemmungsgefahr, sei es für eigene, sei es für fremde Rechnung. Vgl. auch Schneider in Leipz. Z. 1910 S. 59.

[5] Lenné S. 66.

nicht bloß um eine Beweisschwierigkeit, sondern geradezu um die Unmöglichkeit, den Nachweis dieses Zusammenhanges zu erbringen.

1. Das gilt einmal wieder von dem Ertrag eines gewerblichen Unternehmens, insbesondere dem Unternehmergewinn. Wer kann z. B. wissen, ob durch den Untergang eines Schiffes, das sich auf einer Zureise in Ballast befand, dem Reeder ein Frachtgewinn entgangen ist, ob das Schiff also am Bestimmungsort der Ballastreise Gelegenheit für eine Frachtreise gefunden haben würde? Deshalb erkennt das Handelsgesetzbuch § 825, Abs. 3 in solchen Fällen ein versicherbares Interesse nur an, wenn zur Zeit des Versicherungsfalls ein Frachtvertrag bereits abgeschlossen ist[6]. Gegenüber dem Unternehmergewinn eines Warenkaufmanns (obwohl dieser Gewinn sehr bezeichnend ein „imaginärer", also eingebildeter genannt wird) verhält sich das Gesetzbuch laxer: hier wird stets als selbstverständlich angenommen, daß die Ladung, falls sie den Bestimmungsort erreicht hätte, mit Gewinn verkauft worden wäre, ja häufig wird auch die Höhe des Gewinns schon beim Abschluß des Versicherungsvertrags vereinbart („taxierte Police"). Für die Seeversicherung bestimmt HGB. § 801, Abs. 2, daß, wenn Güter und imaginärer Gewinn zusammen versichert und taxiert sind, angenommen wird, daß zehn Prozent der Taxe auf den imaginären Gewinn entfallen: hier tritt eine bedenkliche Annäherung an die Summenversicherung deutlich hervor. Daher hat das VVG. § 89 Abs. 1 dies für die Feuerversicherung, also besonders mit Rücksicht auf die neuerdings aufgekommene Betriebsverlustversicherung, ausdrücklich untersagt.

Ist aber der Kausalzusammenhang zwischen dem schädigenden Ereignis und dem Schaden feststellbar, so ist die Möglichkeit, Wahrscheinlichkeit oder selbst Gewißheit, daß später der Schaden

---

[6] Beim Abschluß des Versicherungsvertrages braucht der Frachtvertrag also noch nicht geschlossen zu sein, man kann auch ein künftiges Frachtinteresse versichern, es muß aber bis zum Versicherungsfall effektiv geworden sein.

infolge anderer, außerhalb der versicherten Gefahr liegender Umstände doch eingetreten wäre, gleichgültig. So wird z. B. der Hagelschaden bezahlt, obwohl eine später eingetretene Überschwemmung das ganze Getreide ebenfalls vernichtet haben würde. Was insbesondere die Handelskonjunktur anbetrifft, so kann sie natürlich den Umfang des Schadens und damit die Höhe der Ersatzleistung beeinflussen, z. B. wenn der anfangs Juni eingetretene Hagelschaden nach dem Marktwert des vernichteten Getreides zur Zeit der Ernte bezahlt werden soll. Auch bildet sie selber eine Gefahr, welche die Möglichkeit einer Versicherung bietet, das Interesse am Ausbleiben einer ungünstigen Gestaltung des Marktes wäre zweifellos an sich ein versicherbares Interesse; aber alsdann müßte die Versicherung auf diese Gefahr selber gerichtet sein, nicht aber sollte die gegen eine ganz andere, die See- oder Feuersgefahr, gerichtete Versicherung so nebenher die Möglichkeit gewähren zu einer Konjunkturversicherung auszuarten, wie dies bei der Versicherung des vorher taxierten imaginären Gewinns und überhaupt dann der Fall ist, wenn die Höhe der Ersatzleistung von dem Sinken des Marktpreises unabhängig sein soll.

2. Zweifelhaft ist ferner, ob der Gläubiger ein versicherbares Interesse am Vermögen seines Schuldners hat. Hier läßt sich zwar der entstandene Schaden (Betrag des Ausfalls bei der Befriedigung für eine Forderung) stets genau feststellen, es fragt sich aber wiederum, ob der Kausalzusammenhang zwischen dem Versicherungsfall und diesem Schaden feststellbar ist. Man muß unterscheiden:

a) Der Gläubiger hat zweifellos ein versicherbares Interesse daran, daß das Vermögen seines Schuldners ausreicht, um die Forderung zu decken. Insuffizienz dieses Vermögens ist also eine Gefahr, gegen welche er sich versichern kann: hierauf beruht die Kreditversicherung. Haftet dem Gläubiger nur ein Sondervermögen seines Schuldners, z. B. der Nachlaß einer Person, das Schiffsvermögen des Reeders, so gilt das gleiche (siehe jedoch nachher S. 17, α).

§ 2. Das versicherbare Interesse.

b) Nicht so einfach ist dagegen die Beantwortung der Frage, ob der Gläubiger auch **an den einzelnen**, im Vermögen seines Schuldners befindlichen **Gegenständen** ein versicherbares Interesse hat, also ob er auch seinerseits und zwar für eigene Rechnung die einzelnen Sachen seines Schuldners gegen See-, Feuer-, Einbruch-, Hagelgefahr, die einzelnen Forderungen seines Schuldners gegen die Gefahr der Uneinbringlichkeit versichern kann usw. Man muß abermals unterscheiden:

α) Soweit der Gläubiger für seine Befriedigung **ausschließlich auf gewisse Gegenstände** aus dem Vermögen seines Schuldners angewiesen ist (Fälle der beschränkten unpersönlichen Haftung, insbesondere der reinen Sachhaftung), hat er zweifellos ein ausreichendes, also versicherbares Interesse an diesen Gegenständen. Denn der Kausalzusammenhang zwischen dem Untergang dieser Gegenstände und seinem Schaden (der Uneinbringlichkeit der Forderung) ist leicht feststellbar. Freilich, wenn dem Gläubiger daran nicht ein dingliches Recht zusteht, ist der Schuldner immer noch in der Lage, ihm den Zugriff zu diesen Gegenständen zu entziehen, aber das schadet an sich nichts; denn die Möglichkeit, daß der Schaden auch beim Ausbleiben des Versicherungsfalls eingetreten wäre, ist ja kein Grund, um die Versicherbarkeit des Interesses an sich zu beeinträchtigen. Natürlich bleibt **dem Versicherer** hinterher allemal der Beweis offen, daß auch die unverletzt gebliebenen Gegenstände die Forderung des Versicherten nicht oder nicht gänzlich gedeckt haben würden, sei es aus tatsächlichen Gründen, nämlich wegen der Größe der Forderung bzw. des geringen Wertes jener Gegenstände, sei es aus rechtlichen Gründen, nämlich wegen der Existenz bevorzugter Gläubiger. Also ist dies doch nur ein mangelhafter Ersatz für eine wirkliche Kreditversicherung.

β) Soweit der Gläubiger **ein bevorzugtes Befriedigungsrecht** aus Gegenständen seines Schuldners hat, gilt dasselbe, insbesondere also, wenn ihm ein (gesetzliches, vertragsmäßiges oder richterliches) Pfandrecht daran und daher im

Konkurs ein Recht auf abgesonderte Befriedigung daraus zusteht[7]. Auch das kaufmännische Zurückbehaltungsrecht gewährt ein versicherbares Interesse, weil es ein Recht auf bevorzugte Befriedigung gewährt[8]: in allen diesen Fällen ist der Kausalzusammenhang zwischen dem Untergang der Sache und dem Schaden (dem Ausfall der Forderung) einleuchtend, aber auch hier bleibt dem Versicherer der unter α angegebene Gegenbeweis offen. Daß der Gläubiger daneben ein persönliches Recht gegen seine Schuldner hat (unten Seite 31 f.), steht diesem Interesse natürlich nicht im Wege.

γ) Dagegen bei den gewöhnlichen („chirographarischen") Gläubigern läßt sich der Kausalzusammenhang zwischen dem befürchteten Ereignis und dem Schaden theoretisch, nämlich beim Abschluß des Vertrages überhaupt gar nicht absehen, weil ja der Schuldner nicht nur freie Verfügung über die zu seinem Vermögen gehörigen Gegenstände hat, sondern sie dadurch auch ohne weiteres dem Zugriff des Gläubigers jederzeit entziehen kann; daher ist in der Regel kein ausreichender Grund zu der Annahme vorhanden, daß gerade dieser (zu versichernde) Gegenstand durch seinen Untergang den Schaden (den Ausfall der Forderung) herbeiführen werde. Wenn tatsächlich das für die Befriedigung des Gläubigers geeignete Vermögen des Schuldners lediglich aus **einer** Sache oder aus **einigen** bestimmten Sachen besteht (z. B. aus einem Haus oder aus der Werkstattseinrichtung), liegt freilich der Fall ebenso wie bei einer **rechtlich** beschränkten Haftung (oben a), und da „Interesse" ein rein wirtschaftlicher Begriff ist, kann man auch in diesem Falle ein versicherbares Interesse an-

---

[7] In einem Spezialfall dieser Art ist „ein versicherbares Interesse" vom Gesetz ausdrücklich anerkannt (HGB. § 500 II).

[8] KO. § 49 Z. 4. Über das Zurückbehaltungsrecht des Bürgerlichen Gesetzbuchs gilt dasselbe jedenfalls, soweit KO. § 49 Z. 3 Platz greift; aber auch unabhängig davon besteht — wenn dieses Recht erst einmal entstanden ist und solange es durch Besitz der Sache fortbesteht — ein versicherbares Interesse des Retinenten, weil er ein starkes, in Geld schätzbares Interesse daran hat, daß gerade diese Sache nicht untergeht.

§ 2. Das versicherbare Interesse. 19

nehmen. Sonst dagegen wird sich selbst hinterher, also wenn der versicherte Gegenstand untergegangen (verbrannt, gestohlen usw.) ist, sehr häufig nicht mit Sicherheit feststellen lassen, daß gerade hierdurch die Befriedigung des Gläubigers vereitelt wurde. Will also der Gläubiger einen einzelnen Bestandteil des Vermögens seines Schuldners versichern, so muß er ihn in der Regel erst pfänden lassen, und dann liegt der unter β besprochene Fall vor[9].

Wenn der Schuldner stirbt und der Erbe nur beschränkt haftet, so bildet die Erbmasse ein Sondervermögen des Erben (oben a), aber die Beziehung der Gläubiger zu den einzelnen Bestandteilen dieses Vermögens wird dadurch nicht verändert. Der Nachlaßverwalter hat die Verfügung darüber, wie der Schuldner (der Erbe) selbst.

δ) Nicht hierher gehört der Fall, daß jemand ein Forderungsrecht auf Verschaffung eines bestimmten Gegenstandes hat; dies ist unten in Seite 34 zu besprechen.

IV. Dagegen erhebt sich im Anschluß an das soeben ausgeführte die Frage, ob der Schuldner ein versicherbares Interesse hat, sich gegen die Insuffizienz seines eigenen Vermögens zu sichern, nämlich dagegen, daß dieses nicht ausreichen werde, um seine Gläubiger zu befriedigen. Die Entscheidung hängt von der Vorfrage ab, welche Vermögensnachteile er für diesen Fall zu befürchten hat.

1. Diese Nachteile sind wesentlich persönlicher und sozialer Art, und soweit sie wirtschaftlicher Natur sind (Erschwerung des Fortkommens, Ausschluß von der Börse u. dgl.) entziehen sie sich einer Schätzung in Geld, also einer Feststellung des Schadens

---

[9] Daß der Versicherte überhaupt „zahlungsfähig" bleibt, ist ein Interesse, das nur zu einer Kreditversicherung führen kann (oben im Text unter a). Dies verkennt Lenné S. 41. Was aber bei der Versicherung für fremde Rechnung den Anspruch des Versicherungsnehmers aus VVG. § 77 anbetrifft, so gibt dieser ihm kein Vorzugsrecht an der versicherten Sache, sondern nur an der Police und im Versicherungsfall an dem Ersatzanspruch. Bleibt die versicherte Sache unbeschädigt, so steht dem Versicherungsnehmer für seine Forderungen gegen den Versicherten schlechterdings kein (bevorzugtes) Befriedigungsrecht aus dieser Sache zu.

2*

und damit der Möglichkeit einer Schadensversicherung (oben S. 12f.). Etwas ganz anderes ist es daher, wenn der Schuldner **im Interesse seiner Gläubiger** eine solche Versicherung abschließt, so daß sie gegen jeden Ausfall ihrer Forderung bei Insuffizienz seines Vermögens geschützt sind; er tut dies allerdings zur Hebung seines eigenen Kredits, also auch, ja vielleicht vorwiegend oder ausschließlich im eigenen Interesse, aber dies ist dann kein versicherbares Interesse, sondern lediglich **Motiv** (oben S. 7, 13) für den Abschluß des Versicherungsvertrags; das versicherbare Interesse ist ausschließlich auf seiten seiner Gläubiger: es gilt genau das oben S. 14 ausgeführte.

2. Man hat gesagt, der Schuldner könne sein bis zum vollen Wert mit Hypotheken belastetes Haus im eigenen Interesse gegen Feuersgefahr versichern, weil er befürchte, im Falle eines Brandes als persönlicher Schuldner in Anspruch genommen zu werden; aber auch dann liegt insoweit nur ein weiteres Motiv zum Abschluß eines Versicherungsvertrags vor, kein selbständiges versicherbares Interesse. Darüber näheres unten §§ 4 und 5.

V. Häufig ist es ungewiß, ob jemand ein Interesse an dem zu versichernden Gegenstande haben wird, z. B. weil sein Recht (Eigentumserwerb) von dem Eintritt einer aufschiebenden Bedingung abhängt, oder von dem Eintritt eines anderen Umstandes (Heimfall eines Lehens), oder von dem Ausfall eines Prozesses, oder weil er als Nacherbe eingesetzt ist u. dgl. In allen solchen Fällen kommt neben ihm oder vor ihm ein anderer Interessent in Betracht, dem gegenüber sein Interesse zunächst meist zurücktritt, ja möglicherweise niemals zur Existenz kommen wird: man kann hier von **Alternativ-Interessen** sprechen; aber auch da, wo beide zeitlich aufeinander folgen (**Sukzessiv-Interessen**) wird man dem künftigen Interessenten schon gegenwärtig ein versicherbares Interesse zusprechen müssen. Unterläßt z. B. der Erbe, ein zur Erbschaft gehöriges Haus gegen Feuer zu versichern, so wird man dem Nacherben diese Befugnis nicht absprechen dürfen. Wenn aber beide ihr Interesse für dieselbe Zeit versichern, so tritt Doppelversicherung und Prämienverschwendung ein, und wie dies zu vermeiden ist, darauf wird weiter unten (Seite 66, β) noch zurückzukommen sein.

VI. Das Vorhandensein eines versicherbaren Interesses wird dadurch nicht ausgeschlossen, daß dem befürchteten Vermögensnachteil ein Vermögensvorteil gegenübersteht, der durch dasselbe schädigende Ereignis in Gestalt eines Anspruchs gegen einen Dritten hervorgerufen wird, so gegen denjenigen, der das Ereignis verschuldet hat (z. B. den Brandstifter), oder der dafür aufzukommen hat (z. B. die Eisenbahn), oder gegen einen anderen Versicherer (Doppelversicherung). Dies ist keineswegs selbstverständlich, und für den Fall einer Doppelversicherung hat das frühere (noch jetzt vielfach im Ausland geltende) Recht es ausdrücklich geleugnet: die spätere Versicherung war wegen Mangels eines versicherbaren Interesses ungültig. Wenn man den Dritten kennen würde, so wäre hier augenscheinlich höchstens für eine Kreditversicherung Raum, nämlich um sich gegen die Insolvenz dieses Dritten zu sichern. Und materiell läuft es auch darauf hinaus, wenn der Feuer=, Transport= usw. Versicherer befugt ist, sich seinerseits wieder an den Dritten zu halten, wenn der Versicherer also in Wahrheit nur dann und nur soweit definitiv den Schaden trägt, als der Dritte zahlungsunfähig ist[10]. Vgl. auch unten § 6.

2. Arten des versicherbaren Interesses.

§ 3.

a) Im allgemeinen.

I. Da jedes versicherbare Interesse wirtschaftlicher Natur ist, so können auch die verschiedenen Arten solcher Interessen nur nach wirtschaftlichen Gründen voneinander verschieden sein. Ob

---

[10] Bei der Seeversicherung haftet der Versicherer für die dem Versicherten zu entrichtenden Beiträge aus großer Haverei wirklich nur subsidiär, nämlich wenn der Versicherte sie auch im Rechtswege, sofern er diesen füglich betreten konnte, nicht erhalten hat (HGB. § 838).

aber zwei scheinbar verschiedenartige Interessen wirklich selbständige Arten darstellen, darüber entscheidet in einwandsfreier Weise der Grundsatz, daß die Schadensversicherung nicht zu einem Gewinn führen darf; ist es also möglich, denselben Gegenstand gegen dieselbe Gefahr für dieselbe Zeit mehrmals in der Weise unter Versicherung zu bringen, daß jedesmal das Interesse daran — auch wenn es einer und derselben Person zusteht[1] — zu seinem vollen Werte ersetzt werden darf, so liegen verschiedenartige Interessen vor. Wo dies nicht möglich ist, kann man also insoweit von einer Doppelversicherung sprechen[2], und ich werde auch in der Folge der Kürze halber diesen Ausdruck gebrauchen; aber damit soll nicht gesagt sein, daß auch die übrigen Grundsätze von der Doppelversicherung Anwendung zu finden hätten. Denn trotz Identität des Interesses können rechtliche Unterschiede von großer Tragweite bestehen, insbesondere kann das Risiko der Versicherer wegen Verschiedenheit der Voraussetzungen ihrer Ersatzpflicht ein sehr verschiedenes sein, sodaß z. B. die Ausgleichungspflicht nach der Vorschrift des VVG. § 59 II ebensowenig wie nach BGB. § 426 Platz greifen kann. Häufig ist das eine Risiko weiter als das andere, umfaßt also dieses mit, und dann decken sich beide trotz Identität des Interesses doch nur soweit, als das engere Risiko reicht. Es liegt auf der Hand, daß solche Verschiedenheiten nicht nur für den Ausschluß der Ausgleichung, sondern z. B. auch für die Anzeigepflicht des Versicherungsnehmers, ferner für die Höhe der Prämie von größter Bedeutung sind, aber für die Unterscheidung der verschiedenen Arten des Interesses sind sie gleichgültig, und wenn man wohl auch hier von verschiedenartigen Interessen zu sprechen pflegt, so ist dies nicht bloß

---

[1] Dieser Vorbehalt ist notwendig, um dem Einwand zu begegnen, daß auch die gleichartigen Interessen mehrerer Mitberechtigter (Miteigentümer) unter die im Text gegebene Formulierung fallen würden.

[2] Über Doppelversicherung überhaupt vgl. neuestes Kisch in d. Rhein. Zeitschrift Bd. VI S. 371 ff. und ZfHR. 75 S. 221 ff. — Karl Adler in Leipz. Z. 1912 S. 497 ff.

§ 3. Arten des versicherbaren Interesses. Im allgemeinen. 23

eine unrichtige Ausdrucksweise³. Vgl. dazu nachher Seite 26, ferner unten Seite 43, 66.

II. Für die Artunterscheidung der Interessen ist maßgebend die Art und Weise, wie der versicherte Gegenstand (ich will ihn der Anschaulichkeit wegen kurz als Sache bezeichnen), also wie die versicherte Sache wirtschaftlichen Zwecken dienstbar gemacht werden kann.

A. Dies ist auf doppelte Weise möglich. Einmal kann die Sache selbst — ihrer Substanz nach — veräußert und dadurch eine Geldsumme oder ein anderer Vermögenswert dafür erworben werden, und sodann kann sie gebraucht und, falls sie einen Ertrag (Früchte) abwirft, dieser Ertrag gezogen werden: erstere Möglichkeit soll als Substanz- (oder Verwertungs-) Interesse, letztere als Nutzungsinteresse bezeichnet werden⁴. Beide unterscheiden sich dadurch, daß die Verwertungsmöglichkeit sich in einmaliger Ausübung erschöpft, während die (Gebrauchs- und) Nutzungsmöglichkeit sich unaufhörlich erneuert, daher eine periodenweise stattfindende Ausübung gestattet, einer zeitweiligen Unterbrechung der Ausübung unterliegt und auch eine zeitlich begrenzte Ausübung ermöglicht. Entsprechend kann auch die Ersatzleistung des Versicherers dort nur eine einmalige, hier eine wiederholte, eine Rentenleistung sein.

1. Die Verwertungsmöglichkeit der Substanz der Sache (wohl Tauschwert genannt) hängt natürlich zum großen Teil von der — jetzigen oder künftigen — Nutzungsmöglichkeit ab, und umgekehrt hängt diese Nutzungsmöglichkeit von der Existenz der Substanz ab, aber dadurch wird das Nutzungsinteresse nicht zu einem dem Substanzinteresse gleichartigen Interesse, das sich etwa

---

[3] Diese Verwechselung der Art des Interesses mit dem Umfang des Risikos, besonders wegen der Verschiedenheit des subjektiven Rechts, in dem sich das Interesse verkörpert, ist sehr häufig; vgl. z. B. Weygand S. 30.

[4] Der Ausdruck „Nutzungsinteresse" auch bei Kisch, Jh. 63 S. 433: das Substanzinteresse wird hier als „Sachwert" bezeichnet. Weygand S. 23 bezeichnet das Substanzinteresse als das „primäre", sämtliche übrigen Interessen (vgl. auch im Text unter II) als „sekundäre".

mit diesem in einem Oberbegriff als „Wiederherstellungsinteresse"
zusammenfände (darüber unten S. 36), sondern beide Interessen
stehen selbständig nebeneinander; denn der Verwertungsberechtigte
— sagen wir der Anschaulichkeit wegen: der Eigentümer eines
Hauses —, der nicht nur das Haus selbst, also dessen Substanz,
sondern auch den halb- oder ganzjährigen Mietverlust gegen
Feuersgefahr versichert, erhält im Schadensfalle anstandslos
beide Werte ersetzt.

2. Sehr häufig finden Verwendungen von Geld oder
Arbeit auf den versicherten Gegenstand statt, um seine Ver-
wertungs- oder Nutzungsmöglichkeit zu steigern. Das geschieht
besonders zur Erzielung eines Unternehmergewinns aus
kaufmännischen, industriellen, landwirtschaftlichen Unternehmungen,
bei denen normalerweise in dem Substanzerlös für die versicherten
Waren oder in dem Ertrag des versicherten Unternehmers auch
jene Aufwendungen wieder hereingebracht werden. Sie bilden
also keine selbständigen Arten von Interessen, sondern erhöhen
nur den Versicherungswert des Substanz- oder Nutzungsinteresses,
und gegen die Gefahr, sie vergeblich aufgewendet zu haben, sichert
man sich daher einfach durch entsprechende Erhöhung der Versicherungssumme. Indessen kann man natürlich auch von einer
solchen Erhöhung absehen und ebenso ist es möglich, beide Posten
versicherungstechnisch getrennt zu behandeln.

Im Seerecht ist dies z. B. üblich, bei der Versicherung des
sogenannten imaginären Gewinns, der ja nur durch Ver-
kauf der Ladung, also des Substanzinteresses realisiert werden
kann; aber trotzdem ist es auch angängig, ihn selbständig, getrennt von der Ladung zu versichern (HGB. § 801 i. V. mit
§ 779). Ein noch lehrreicheres Beispiel bieten die auf ein Schiff
verwendeten Ausrüstungskosten. Von ihnen kann man sowohl sagen, daß sie den Substanzwert des Schiffes im Augenblick des Beginns der Reise erhöhen, wie daß sie die Nutzung
des Schiffes ermöglichen: im ersten Falle würden sie durch den
Verkaufserlös des Schiffes, im letzteren Falle durch den Fracht-

§ 3. Arten des versicherbaren Interesses. Im allgemeinen.

erlös wieder hereinzubringen sein und dementsprechend entweder bei der Kasko- oder bei der Frachtversicherung den Versicherungswert erhöhen, und insoweit findet hier also eine eigentümliche Berührung des Substanz- und des Nutzungsinteresses statt; sie können aber auch, wie der imaginäre Gewinn, selbständig versichert werden. In der Tat bietet das positive Recht diese dreifache Möglichkeit (HGB. § 796), von einer besonderen Art des Interesses kann aber auch hier keine Rede sein. Vgl. dazu unten S. 63 f.

B. Beide Interessen können derselben Person oder verschiedenen Personen zustehen. Im letzteren Falle steht also der einen Person das Substanz-(Verwertungs-)Interesse, der anderen das Gebrauchs- und Nutzungsinteresse zu; regelmäßig wird dann jedes als ein besonderes subjektives Recht geschützt (oben S. 11 f., 22), und zwar jenes meist als Eigentum (aber auch als Pfandrecht)[5], dieses als Nießbrauch, oder Pacht, oder Miete, oder eheliches Dispositionsrecht.

Jedes der beiden Interessen kann aber auch **mehreren Personen** zustehen, und zwar auf doppelte Weise:

1. Einmal, indem das seinem gesamten Inhalte, also auch dem Rechte nach, gleiche Interesse zwischen mehreren Personen geteilt ist: also nicht nur die wirtschaftliche, sondern auch die rechtliche Beziehung ist völlig die gleiche: so Miteigentümer, Mitpächter, Mitmieter usw.[6]. Dieser Fall gibt zu irgendwelchen Zweifeln keinen Anlaß, niemand leugnet, daß von verschiedenen **Arten des Interesses** hier keine Rede sein kann, und daß der Wert sämtliche Interessen zusammenaddiert, genau den Wert des Gesamtinteresses ergibt, während der Wert der einzelnen Interessen natürlich ganz verschieden sein kann.

---

[5] Aber auch ohne das Erfordernis eines dinglichen Rechts, im Falle der (beschränkten) Sachhaftung, oben S. 17, α.

[6] Auch Mitnießbraucher gehören hierher; zwar die Dauer ihres Rechts kann verschieden sein, aber solange sie leben und also Mitnießbraucher sind, ist ihr Recht identisch; bleibt nur einer übrig, so ist auch nur ein derartiger Interessent noch vorhanden.

Nichts damit zu tun hat die Frage, durch wen und in welcher Weise die Versicherung abgeschlossen werden kann (siehe unten S. 63 ff.)[7], ferner wenn ein einzelner Interessent die dem Versicherungsnehmer obliegenden Verpflichtungen verletzt oder den Schaden schuldhaft herbeiführt usw.

Wenn die Einzelinteressen dadurch entstehen, daß eine bisher ungeteilte Sache teilweise veräußert wird, so ergeben sich Schwierigkeiten für die Auslegung von VVG. §§ 69 ff.[8].

2. Sodann aber können die wirtschaftlich gleichen Interessen der mehreren Personen rechtlich verschieden sein (oben S. 11 f., 22, 25). So wenn der Ertrag zwischen Eigentümer und Nießbraucher geteilt ist (letzterer hat z. B. nur Anspruch auf die Hälfte), oder wenn die Verwertung des Grundstücks (Realisation des Substanzwertes) bis zu einer gewissen Höhe anderen Personen als dem Eigentümer (den Hypotheken- oder Grundschuldgläubigern) zusteht. Hier werden diese sogenannten Konkurrenzinteressen von einigen neuen Schriftstellern als selbständige Versicherungsarten aufgefaßt. Darüber oben S. 22 und unten S. 29 ff.

III. Es kann sein, daß jemand an dem Schicksal eines bestimmten Gegenstandes direkt gar nicht interessiert ist, indem ihm weder eine Verwertungs- noch eine Nutzungsmöglichkeit daran zusteht. Trotzdem hat er ein starkes versicherbares Interesse an dessen Erhaltung, weil er dem Substanzinteressenten oder dem Nutzungsinteressenten oder beiden Ersatz zu leisten hat, wenn der Gegenstand beschädigt oder zerstört wird; und wie dort (oben II) zwar nicht die Art des Interesses, wohl aber sein Umfang, seine Größe zum Teil von dem subjektiven Rechte abhängt, in welchem das Interesse regelmäßig seinen rechtlichen Ausdruck findet, so hier von der — regelmäßig vorhandenen —

---

[7] Insbesondere ob, wie und durch wen über die Einzelinteressen (z. B. über eine Schiffspart) oder über das gesamte Interesse aller. Besondere Schwierigkeiten entstehen bei Gesellschafts- und sonstigen Gemeinschaftsverhältnissen, vgl. Cahn S. 55 ff.

[8] Vgl. Cahn S. 46 ff.

rechtlichen Verpflichtung, insbesondere von deren Voraussetzungen.

Ein solches Haftpflichtinteresse kann jemand auch haben, dem daneben ein Substanz- oder Nutzungsinteresse oder beides an dem versicherten Gegenstande zusteht, z. B. der Spediteur am Speditionsgute (wegen seines Pfandrechts), dem Ehemann am eingebrachten Gut seiner Frau (wegen seines ehemännlichen Nutzungsrechts) usw.

Die Natur dieses Haftpflichtinteresses, insbesondere, ob es eine selbständige Art von versicherbarem Interesse bildet, ist ebenfalls streitig. Darüber siehe unten § 6.

IV. Mit der hier allein zur Untersuchung stehenden Frage nach den verschiedenen Arten versicherbarer Interessen darf man nicht andere Probleme verquicken, wie dies in der neuesten Literatur meistens geschehen ist, insbesondere die Versicherung für fremde Rechnung und die Versicherung des sogenannten objektiven Interesses; vielmehr muß man hier — wie oben S. 9 bereits hervorgehoben wurde — von der Person des oder der Interessenten, von der Stellung des Versicherungsnehmers im Gegensatz zum Versicherten, von der Frage, wer von mehreren beteiligten Interessenten den Versicherungsvertrag abschließen kann, wer über diesen Vertrag verfügen, wer die Rechte daraus geltend machen kann usw., völlig absehen. Das alles sind ebenfalls sehr wichtige Fragen, auf die unten (§§ 7—9) näher einzugehen ist, aber mit dem Wesen und den Arten des versicherbaren Interesses haben sie nichts zu tun.

§ 4.

b) Das Substanz-(Verwertungs-)Interesse.

Da der versicherte Gegenstand meist eine Sache (oder Sachgesamtheit) ist, und da das Interesse an der Erhaltung des Substanzwerts dieser Sache historisch das erste und lange das einzige Interesse war, welches versichert wurde, und auch jetzt noch das bei weitem überwiegende Interesse bei den meisten Schadensversicherungen bildet, so hat man ihm früher keinen besonderen Namen gegeben, sondern einfach „die Sache" als versichert bezeichnet, und selbst das Handelsgesetzbuch, obwohl es ausdrücklich das Interesse als Gegenstand der Versicherung bezeichnet (oben Seite 3 Anm. 2), hat an diesem vulgären Sprachgebrauch festgehalten. Wie es in der Rechtsprache ganz üblich ist, statt von „dem Eigentumsrecht an der Sache" einfach von „der Sache" zu sprechen, wie selbst das sonst so korrekte Bürgerliche Gesetzbuch Sachen und Rechte verkaufen, verpfänden, mit einem Nießbrauch belasten läßt, wie es ein Vermögen aus Sachen und Rechten bestehen läßt, während hier in Wahrheit das Eigentumsrecht, ausnahmsweise auch ein anderes ausgedehntes Recht an der Sache, jedenfalls aber ein Recht den übrigen Rechten gegenübergestellt wird, so wird auch scheinbar „die Sache" den Interessen, in Wahrheit aber wird das Interesse, wie es der Eigentümer an der Sache zu haben pflegt, den sonstigen Interessen an derselben Sache gegenübergestellt. Ich habe es daher als Eigentums- oder Eigentümerinteresse bezeichnet; aber, wie überhaupt die Bezeichnung wirtschaftlicher Begriffe durch juristische Ausdrücke häufig zu Mißverständnissen führt, so hat auch diese Terminologie viel Unheil angerichtet. Sie hat die wirtschaftliche Natur des Interessebegriffs verdunkelt und sie hat zu der Annahme verleitet, daß alle regelmäßig dem Eigentümer zustehenden Interessen dadurch mit gedeckt werden sollten, auch die ganz selbständigen Nutzungsinteressen (oben S. 23 und unten § 5). Ich habe deshalb schon im vorigen Paragraphen dafür die Ausdrücke Substanz- oder Verwertungsinteresse gebraucht.

I. Es kann sein, daß mehrere Personen bei der Verwertung einer Sache interessiert sind, und zwar nicht als einfache Mitinteressenten (oben S. 25), sondern auf Grund eines verschiedenartigen Rechtes (oben S. 26), so daß — um den Normalfall zu nennen — mit dem Eigentümer noch Pfand-, Hypotheken- oder Grundschuldberechtigte bei der Verwertung des Grundstücks konkurrieren; ich habe sie deshalb Konkurrenzinteressenten genannt — ein Name, der sich eingebürgert hat. Begriff und Name sind neuestens angefochten worden, aber mit Unrecht[1].

1. Nehmen wir den einfachsten Fall: die unverzinsliche Grundschuld an einem Gebäude; hier erschöpfen sich Recht und Interesse des Grundschuldgläubigers darin, daß er einen genau bestimmten Geldwert durch — gerichtliche — Veräußerung des Grundstücks für sich realisieren kann. Um genau denselben Geldwert ist das Substanz-(Verwertungs-)Interesse des Eigentümers an dem Grundstück geschmälert, und wenn das Gebäude abbrennt, so würde es an sich als natürlich und gerecht erscheinen, daß von der Versicherungssumme zunächst der Grundschuldgläubiger einen Betrag in Höhe der Grundschuld vorweg erhält und nur der Rest dem Eigentümer zugewiesen wird.

Indessen wird in der Regel dem Eigentümer auch Gebrauch und Nutzung des Grundstücks zugestanden haben, und an diesem selbständigen sogenannten Nutzungsinteresse (oben § 3 S. 23 und nachher § 5), welches ebenfalls durch den Brand bis zum Wiederaufbau des Gebäudes geschädigt ist, hat der Grundschuldgläubiger keinen Anteil. Zwar erhält auch der Eigentümer für den Mietausfall oder Betriebsverlust eine Entschädigung nur dann, wenn er auch dieses sein Nutzungsinteresse versichert hat; aber die Möglichkeit, das Gebäude wieder herzustellen und damit nach Ablauf einer gewissen — möglicherweise durch Mietausfall- oder Betriebsverlust-Versicherung gedeckten — Zeit wieder Gebrauch und Nutzung des Gebäudes zu erlangen, setzt voraus, daß er die Mittel zum vollen Wiederaufbau erhält. Da hierzu der Rest der

---

[1] Lenné S. 67 ff., Weygand S. 21 ff. — Nur in einem — aber, soviel ich sehe, von meinen Gegnern nicht gerügten — Punkte muß ich mich selbst berichtigen. Ich habe nämlich jedes dingliche Recht an dem versicherten Gegenstande, insbesondere auch den Nießbrauch, als Konkurrenzinteresse des Eigentümerinteresses bezeichnet, indem ich den Gegensatz von Substanz- und Nutzungsinteresse übersah; obwohl ich das Interesse als einen rein wirtschaftlichen Begriff proklamiert hatte, stand ich in diesem Punkte noch unter dem Banne juristischer Vorstellungen.

Versicherungssumme (nach Auszahlung des Grundschuldgläubigers) nicht ausreicht, könnte er abermals ein Darlehen aufnehmen und dem Darlehnsgeber dafür eine neue Grundschuld an dem Gebäudegrundstück bestellen, aber augenscheinlich kann derselbe Erfolg dadurch erreicht werden, daß er die ganze Versicherungssumme zum Wiederaufbau erhält, und daß die frühere Grundschuld an dem Grundstück bestehen bleibt. Wirtschaftlich ist der Vorgang in beiden Fällen der gleiche, juristisch ein verschiedener.

Und wenn wir nun nach der oben S. 22 gegebenen Anweisung die Probe aufs Exempel machen, so ergibt sich zur Evidenz, daß das versicherbare Interesse des Eigentümers genau um das versicherbare Interesse des Grundschuldgläubigers geschmälert ist; wäre nämlich neben dem vollen Versicherungswerte des Substanz=(sogenannten Eigentümer=)Interesses noch der volle Wert des Grundschuldinteresses versichert, so würde dies insoweit eine Doppelversicherung sein, und es ist klar, daß auch im Falle eines Totalverlustes nicht beide Versicherungssummen in voller Höhe bezahlt werden dürften. Ganz anders, wenn neben dem vollen Substanzinteresse das Betriebsverlustinteresse versichert wäre, da dies ein selbständiges Interesse neben dem Substanzinteresse ist.

2. Und was von der Grundschuld gilt, das gilt genau ebenso von der Hypothek und dem Mobiliarpfand (siehe nachher 3 b). Dem Eigentümer verbleibt nur soviel reines Substanz=(Verwertungs=)Interesse an dem versicherten Gegenstande, als nach Abzug der Pfandsumme übrig ist. Während bei der gleichzeitigen Versicherung des Substanz= und des Nutzungsinteresses beide Versicherungswerte addiert werden können, ohne daß eine Doppelversicherung entsteht, sind bei einer Versicherung des Substanzinteresses neben dem Pfandinteresse beide Versicherungswerte zu subtrahieren, wenn kein Doppelersatz erfolgen soll.

3. Um dieses Resultat klar und reinlich herauszustellen, darf man das hier zur Untersuchung stehende Problem nicht mit anderen Fragen verquicken (oben S. 27, IV). Ebensowenig aber darf man

gewisse rechtliche Momente für oder gegen die hier vertretene Ansicht ins Gefecht führen².

a) Rechtlich ist die Stellung des Eigentümers und des Konkurrenzinteressenten natürlich eine völlig verschiedene und hierdurch ist ein wesentlicher Unterschied der Konkurrenzinteressen von den auch rechtlich identischen Einzelinteressen Mitberechtigter, insbesondere der Miteigentümer gegeben (oben S. 25, B 1)³. Der Eigentümer kann die auf dem versicherten Gegenstande ruhende Last durch Zahlung abschütteln, das Konkurrenzinteresse dadurch vernichten und sein volles Substanzinteresse wieder herstellen. Rechtlich kann sogar der Schein eines Konkurrenzinteresses in Gestalt der Eigentümerhypothek (Eigentümergrundschuld) bestehen bleiben, aber wirtschaftlich ist dies wirklich nur Schein, dem Eigentümer steht das volle Substanzinteresse trotzdem allein zu; vielleicht ist nichts anderes so geeignet, den Gegensatz des Rechtlichen und Wirtschaftlichen, des Formellen und Materiellen klarzustellen wie dieses Institut, wodurch es dem Eigentümer ermöglicht wird, jeden Augenblick durch Abtretung der ungelöscht gebliebenen Hypothek und Schmälerung seines eigenen Substanzinteresses ein neues fremdes Substanzinteresse an dem versicherten Gegenstande zu begründen. Der Konkurrenzinteressent ist rechtlich zwar auch in der Lage, sich — durch Unkündbarkeit der Hypothek oder Grundschuld — wenigstens auf eine gewisse Zeit gegen eine solche Zerstörung seines Interesses zu schützen, und wenn er alsdann regelmäßig für solange auch auf eine Ausübung seines Verwertungsrechts wird verzichten müssen, so bietet sich ihm in der Befugnis zur Abtretung seines dinglichen Rechts ein ausreichender Ersatz.

b) Der Konkurrenzinteressent hat häufig außer dem dinglichen (Verwertungs-)Recht an dem versicherten Gegenstande auch noch ein persönliches (Forderungs-)Recht auf Zahlung einer Geldsumme gegen seinen Schuldner — mag dies nun der Eigentümer der versicherten Sache oder eine andere Person sein —

---

² So z. B. Weygand S. 22.
³ Vgl. auch Kisch in Rhein. Z. VI S. 372.

und durch Tilgung dieser persönlichen Forderung geht meist auch sein dingliches Recht unter. Letzteres ist dann nur akzessorischer Natur, dient lediglich zur Sicherung jener persönlichen Forderung, aber wenn auch das Motiv zur Versicherung in solchen Fällen nicht so stark sein mag, wie wenn der Berechtigte lediglich auf das dingliche Recht angewiesen ist, so ist doch sein Interesse an dem versicherten Gegenstande der Art nach das gleiche (Verwertungsinteresse)[4]. Die Feuer- und die Transportversicherung kann hier freilich den Charakter einer Art von Kreditversicherung annehmen[5], indem das Risiko zugunsten des Versicherers dadurch stark eingeschränkt wird, daß dieser, sobald er Ersatz geleistet hat, sich seinerseits unter Umständen an die persönliche Forderung halten darf (vgl. VVG. § 102); aber das Wesen des Konkurrenzinteresses wird selbst dadurch nicht geändert.

4. Eine besondere Stellung unter den Konkurrenzinteressen nimmt das des Bodmereigläubigers im Gegensatz zu dem Substanz-(und Nutzungs-)Interesse an den verbodmeten Gegenständen ein[6].

a) Für den Bodmereidarlehnsgeber kommt lediglich die Gefahr der Bodmereireise in Betracht. Er versichert seine Bodmereigelder gegen die Möglichkeit, daß die verbodmeten Gegenstände infolge der Gefahren der Bodmereireise nicht ausreichen werden, um seine Bodmereiansprüche (Kapital und Prämie) zu decken. Für ihn ist also der Versicherungsfall gegeben, wenn auf der Bodmereireise diese Gegenstände untergehen oder eine solche Wertverminderung erleiden, daß sie seine Ansprüche nicht mehr decken. Soweit sie dagegen schon beim Antritt der Bodmereireise hierzu nicht ausreichten (was der Versicherer aber be-

---

[4] Irreführend ist es auch hier wieder, daß wir das Motiv als Interesse zu bezeichnen pflegen und in diesem Sinne von einem stärkeren oder geringeren Interesse an der Versicherung sprechen. Vgl. auch oben S. 7, 13, 20.

[5] Ähnlich wie in dem oben S. 21, VI angegebenen Falle.

[6] Dies ist bisher allgemein verkannt worden, auch von mir (Handbuch S. 313 Anm. 84).

§ 4. Das Substanz-(Verwertungs-)Interesse.

weisen muß) steht ihm kein Anspruch aus dem Versicherungsvertrage zu.

b) Der Bodmereidarlehnsnehmer (Substanz- und Nutzungsinteressent, also meist Reeder für Schiff und Fracht, Ladungsbeteiligter für die Güter, eventuell für imaginären Gewinn) hat seine Interessen durch den Versicherungsvertrag gleich für die gesamte Unternehmung, nicht bloß für die Bodmereireise, versichert, und zwar auch gegen die Möglichkeit, daß der versicherte Gegenstand zwar physisch intakt geblieben ist, aber mit einer Bodmereischuld (Haftung) belastet am Bestimmungsort ankommt. Diese Möglichkeit wird im Seeversicherungsrecht als eine eigene Gefahr betrachtet (HGB. § 820 Z. 5), wie auch beispielsweise der Kollisionsfall ohne eigenen physischen Schaden (HGB. § 820 Z. 7), vgl. unten S. 44 ff). Dies hängt mit einer merkwürdigen, theoretisch nicht zu rechtfertigenden Eigentümlichkeit des Seeversicherungsrechts (HGB. § 840 III) zusammen, die auch in die Binnentransportversicherung übergegangen ist (BVG. § 144 II). Wenn nämlich nach einem durch den Versicherer bezahlten und reparierten Partialschaden später ein Totalschaden eintritt, so hat der Versicherer doch noch die ganze Versicherungssumme zu bezahlen, und zwar ohne Nachversicherung beziehungsweise Prämienerhöhung.

Würde der Reeder oder Ladungsinteressent sich also lediglich für die Bodmereireise versichern, so würde er in der Tat wie der Eigentümer eines Grundstücks eigentlich nur sein Substanzinteresse nach Abzug der Belastung ersetzt verlangen können; da er aber die ganze Reise versichert hat, so kann er unter der Herrschaft des eben angegebenen Rechtssatzes (HGB. § 840 III) den ganzen Wert des Substanzinteresses ohne Abzug der Bodmereischuld ersetzt verlangen, während der Bodmereigläubiger sein Interesse daneben ersetzt erhält: eine Doppelversicherung liegt aus diesem Grunde hier nicht vor.

II. Wir sind bisher immer von dem Normalfalle ausgegangen, daß das Substanzinteresse, soweit keine Konkurrenzinteressen vorhanden sind, dem Eigentümer der zu versichernden Sache zusteht. Aber dies kann sich auch anders verhalten.

1. Da „Interesse" eine rein wirtschaftliche Beziehung ist, so ist es auch gleichgültig, ob derjenige, dem das Substanzinteresse zusteht, zugleich Eigentümer ist oder beispielsweise Erbbauberechtigter oder Erbpächter [7].

2. Es kann jemand noch nicht Eigentümer oder nicht mehr Eigentümer sein, aber denselben Vermögensnachteil durch Untergang oder Beschädigung eines bestimmten Gegenstandes erleiden, wie ihn normalerweise der Eigentümer zu erleiden pflegt, indem er die Gefahr des Untergangs oder der Beschädigung des Gegenstandes wie sonst der Eigentümer (casum sentit dominus) trägt; so beispielsweise Käufer oder Verkäufer. Es kann jemand auch sonst ein bloßes Forderungsrecht auf Verschaffung eines bestimmten Gegenstandes, aber unter Tragung der Gefahr haben, es kann ihm ein Verfolgungsrecht (KO. § 44), ein Recht auf Aussonderung im Konkurse in bezug auf einen bestimmten Gegenstand zustehen.

An sich könnte man hierher auch den Fall rechnen, daß jemand einem anderen den Wert eines bestimmten Gegenstandes für den Fall des Untergangs oder der Beschädigung zu ersetzen hat: der Vermögensnachteil ist hier derselbe wie dort; aber da diese Haftpflicht sich ebensogut auch auf das **Nutzungs**interesse beziehen kann (oben S. 26), so ist das Haftpflichtinteresse schon aus diesem Grunde besonders zu behandeln (unten § 6).

III. Das Substanz-(Verwertungs-)Interesse pflegt (wie oben S. 28 schon erwähnt) beim Abschluß des Versicherungsvertrags nicht ausdrücklich als solches bezeichnet zu werden, vielmehr versteht man unter Versicherung der Sache eben die Versicherung **dieses Interesses**. Daher sind durch Versicherung „der Sache" eigentlich sämtliche Konkurrenzinteressen mit gedeckt. Vgl. dazu unten S. 58 ff. und S. 66 f.

---

[7] Das zeigt sich darin, daß diesen Personen das Grundbuch offen steht; sie können Verfügungen über die Substanz treffen und Hypotheken bestellen.

IV. Ein selbständiges Problem bildet die Frage, wie der **Versicherungswert** des Substanzinteresses an dem versicherten Gegenstande und entsprechend die Ersatzleistung des Versicherers zu bestimmen ist, insbesondere ob dieser Wert und diese Leistung unabhängig von dem jeweiligen Interessenten oder gerade in Rücksicht auf dessen besondere Lage festzustellen ist; aber auch dieses Problem hat mit der Art des versicherbaren Interesses nichts zu tun; oben Seite 7 und unten S. 48, S. 61 ff.

§ 5.
c) Das Nutzungsinteresse.

Wir sind davon ausgegangen, daß das gesamte Substanzinteresse (§ 4) **normalerweise** dem Eigentümer der Sache zusteht, und daß die Konkurrenzinteressen gewissermaßen nur Abspaltungen des Substanzinteresses sind, diesem der Art nach gleich, so daß die Versicherung eines Konkurrenzinteresses neben der Versicherung des gesamten Verwertungsinteresses sich gewissermaßen (oben S. 22) als Doppelversicherung darstellt.

Auch von dem Nutzungsinteresse (oben S. 23 f., S. 29) kann man sagen, daß es **normalerweise** gänzlich dem Eigentümer zusteht, aber auch dann bildet es ein neben dem gesamten Substanzinteresse in voller Höhe selbständig versicherbares Interesse an demselben Gegenstande (Mietverlust, Betriebsverlust, Unternehmergewinn), ein Interesse, dessen Versicherung in der „Versicherung der Sache" nicht mitenthalten ist[1]. Sehr häufig aber steht es einer anderen Person als dem Eigentümer der Sache zu und beruht dann entweder auf einem persönlichen Recht (Miete, Pacht) oder auf einem dinglichen Recht (Nießbrauch, oben S. 29 Anm. 1), oder auf einem Familienrecht (Nutznießung des Ehemanns, des elterlichen Gewalthabers). Dabei ist zu beachten:

I. Wo das Nutzungsinteresse auf einem **vererblichen** dinglichen Rechte beruht (Erbbau, Erbpacht, Lehnrecht), da steht diesem Interessenten auch das Substanz=(Verwertungs=)Interesse

---

[1] Das zeigt sich besonders deutlich beim imaginären Gewinn gegenüber den Gütern, bei den Ausrüstungskosten gegenüber dem Schiffe (unten S. 37 u. S. 64 f.).

zu (oben Seite 34). Das Interesse des Eigentümers ist in der Regel fast wesenlos (Heimfallsrecht), als solches seinem Werte nach nicht feststellbar (oben S. 12 f.), daher nicht selbständig versicherbar und höchstens für die Frage bedeutsam, wer das Verwertungsinteresse versichern kann (oben Seite 27). Unter Umständen hat der Eigentümer übrigens auch einen versicherbaren Anteil am Nutzungsinteresse, z. B. wenn er eine Abgabe bezieht, deren Leistung durch das befürchtete Ereignis gefährdet ist.

II. Auch ein Nutzungsinteresse kann nicht ausgeübt werden, wenn die Sache, an der dieses Interesse besteht, nicht mehr existiert oder nicht mehr benutzbar ist (oben Seite 23 f.). Bis die Sache wieder hergestellt oder eine gleich brauchbare angeschafft ist, entsteht ein Vermögensnachteil, dessen provisorischer Charakter beim Eigentümer oder dem Eigentümer gleichstehenden Substanzinteressenten (oben S. 34) derselbe ist wie bei einem bloßen Nutzungsinteressenten. Der Ersatz ist dann so lange ein periodisch wiederkehrender, eine Rentenleistung. Ist aber sowohl die Wiederherstellung wie eine Neuanschaffung ausgeschlossen, so wird der Ertrag des als Ersatz für den Substanzverlust geleisteten Kapitals so lange und insoweit als entsprechende Rentenleistung zu gelten haben, wie das Nutzungsinteresse einer anderen Person als dem Substanzinteressenten zusteht; würde eine zeitlich begrenzte Rente an den Nutzungsberechtigten zugesichert, während gleichzeitig der Substanzinteressent in die Nutzung des Kapitals treten sollte, so wäre dies eine unzulässige Doppelversicherung, richtiger ein unzulässiger Doppelersatz.

Wenn nur das Nutzungsinteresse versichert ist, so erlischt die Rentenleistung, sobald das Nutzungsinteresse endigt, z. B. sobald der Nießbrauchberechtigte stirbt. Natürlich kann — eventuell auf Grund einer Wahrscheinlichkeitsrechnung — der Wert der Rente auf die Gegenwart diskontiert und mit einer einmaligen Summe abgelöst werden.

III. Eine besondere Betrachtung verlangt das Interesse, welches sich an den Erfolg eines kaufmännischen oder in-

§ 5. Das Nutzungsinteresse. 37

dustriellen Unternehmens knüpft (oben Seite 14, 15 f., S. 24), und zwar soweit es sich nicht um ein reines Konjunkturinteresse handelt, sondern um ein Interesse, welches von der unbeschädigten Existenz eines bestimmten Gegenstandes, eines Hauses oder Fabrikbetriebes, eines Schiffes oder der Ladung abhängt. Hier kommt ein doppeltes in Betracht: einmal daß die auf das Unternehmen gemachten Verwendungen an Arbeit und Unkosten durch den (Brutto-)Ertrag wieder hereingebracht werden (oben Seite 24 f.) und sodann, daß ein Unternehmergewinn (Nettoertrag) übrig bleibt; ist der Substanzinteressent (Eigentümer) zugleich der Unternehmer, so gehört zu den Verwendungen auch eine angemessene Verzinsung des in dem versicherten Gegenstande angelegten Kapitals.

Hier ist es möglich, einfach den gesamten Bruttoertrag als Betriebsverlust unter Versicherung zu bringen (z. B. beim Unternehmerinteresse des Reeders: die Bruttofracht), es ist aber auch möglich, die in Betracht kommenden Posten (z. B. die Ausrüstungskosten, die Heuer der Mannschaft, die Versicherungskosten, die Nettofracht) einzeln zu versichern, und zwar rein theoretisch sogar bei verschiedenen Versicherern. In Wahrheit handelt es sich um ein der Art nach einziges Interesse (eben das Nutzungsinteresse), aber dieses läßt sich eben in einzelne der Art nach gleiche Interessen (Beziehungen) zerlegen, oder — wenn man will — es ist aus einzelnen gleichartigen Interessen (Posten) zusammengesetzt, und für jedes dieser Teilinteressen, wie ich sie bezeichnen möchte, läßt sich ein besonderer Versicherungswert ermitteln. In welcher Weise diese verschiedenen Teilinteressen versicherungsrechtlich zu behandeln sind, wird im dritten Abschnitt (§ 9) berührt werden.

IV. Das Substanz-(Verwertungs-)Interesse an einem Gegenstande kann sehr groß (von hohem Werte) sein, während das Nutzungsinteresse daran sehr gering (von niedrigem Werte), vielleicht gleich Null, also gar nicht vorhanden ist; ja sein Wert kann ein negativer sein, weil der Gegenstand Unterhaltungskosten erfordert, ohne etwas einzubringen, z. B. eine Kunstsammlung. Auch das umgekehrte ist möglich, und wie sich hierin die völlige Selbständigkeit beider Arten von Interessen und ihre Unabhängigkeit voneinander aufs deutlichste zeigt, so ermöglicht diese Auffassung auch die Entscheidung einer Rechtsfrage, welche schon seit langem viel Kopfzerbrechen verursacht hat. Nämlich ein altes, baufälliges Haus, welches von zahlreichen kleinen Leuten als Mietparteien bewohnt wird, hat zwar gar keinen oder nur einen ganz geringen Substanzwert (Abbruch), wohl aber, solange es bewohnt werden darf, noch einen beträchtlichen Nutzungs-(Miet-)Wert: das Gebäude kann also als „Sache" gar nicht gegen Feuer versichert werden, ein Substanz-(Verwertungs-)Interesse, das durch Feuer vernichtet oder verletzt werden könnte, besteht nicht daran, wohl aber ein beträchtliches Nutzungsinteresse, und deshalb ist eine Feuerversicherung gegen Mietverlust sehr wohl möglich. Als Entschädigung würde hier prinzipiell eine Rente zu zahlen sein, deren Dauer von der voraussichtlichen Dauer der Bewohnbarkeit des Hauses abhängt, und falls dem Nutzungsberechtigten nur ein zeitlich beschränktes Recht (daher eben solches Interesse) zustand, außerdem von der Dauer dieses Rechts, also beim Nießbraucher von seiner Lebenszeit[2]. Hatte die Baupolizeibehörde das Gebäude bereits für unbewohnbar erklärt und seine Räumung angeordnet, als das Feuer ausbrach, so ist dem Nutzungsinteressenten gar nichts, dem Substanzinteressenten höchstens der Abbruchswert zu ersetzen.

V. Über die gemeinschaftliche Versicherung von Substanz- und Nutzungsinteresse siehe unten § 9.

§ 6.
d) Das Haftpflichtinteresse [1].

Dasselbe Ereignis, welches jemandem (dem A) unmittelbar einen Nachteil zufügt, kann zugleich einen andern (den B) haft-

---
[2] Der auf die Gegenwart diskontierte Wert der Rente würde also durch beide Momente bestimmt werden.
[1] Vgl. Flechtheim in Leipz. Z. 1911 S. 675 ff. und dazu Moldenhauer ebenda S. 688 f. — Josef in ZfVersich. Wiss. 12 S. 778 ff. — Lenné

pflichtig machen, d. h. verpflichten, jenem den dadurch entstandenen Schaden zu ersetzen. Vom Standpunkt der Haftpflichtversicherung aus kann man ersteres als causa remota, letzteres als causa proxima bezeichnen. Wenn beides, Schaden und Ersatzpflicht, sich inhaltlich vollständig decken, dann fallen die Interessen beider Personen zusammen, ich habe sie deshalb Koinzidenzinteressen genannt[2]. Da nun für den A nur zwei Arten von Interessen in Betracht kommen können (oben Seite 23), das Substanz- und das Nutzungsinteresse, so erschöpft sich auch das Interesse des B scheinbar darin, den Schaden, den jene beiden Interessen erlitten haben, zu ersetzen — das Haftpflichtinteresse würde daher inhaltlich keine selbständige Interesseart, sondern nur mittelbares Substanz- oder Nutzungsinteresse sein.

I. Indessen ist zunächst zu beachten, daß dies alles eben nur von der Sachhaftpflicht und der Sachhaftpflichtversicherung gelten kann. Es gibt aber auch eine Personenhaftpflicht und eine Personenhaftpflichtversicherung von mindestens gleicher Bedeutung. Letztere ist ebenfalls echte Schadensversicherung, aber sie schließt sich nicht an einen Sachschaden, sondern an einen Personenunfall an, und daher kann bei dem den A treffenden Nachteil von einem Substanz-(Verwertungs-)Interesse hier überall keine Rede sein; eher ließe sich schon in der durch den Unfall drohenden Erwerbseinbuße (vorübergehende oder dauernde Invalidität des A) eine gewisse Analogie zu dem Nutzungsinteresse ("Betriebsverlust") entdecken, aber praktisch ist diese Ähnlichkeit ohne Wert.

II. Aber auch bei der Sachhaftpflichtversicherung (auf die wir unsere weitere Untersuchung beschränken) deckt sich das Haftpflichtinteresse der Art nach nicht vollständig mit dem Interesse des unmittelbar Bedrohten; der Haftpflichtversicherte will näm-

---

S. 55 ff. — Weygand S. 52 ff. und speziell die Treuhänder-Haftpflicht S. 63; sodann S. 89 ff. — Kisch in Rhein. Z. S. 371 ff. — Manes im HWBStaatsw. 5 S. 225 ff. und im Versicherungslexikon s. h. v. — Peef, der Versicherungsfall überhaupt und insbesondere bei der Haftpflichtversicherung (Leipz. Diss. 1914).

[2] Ehrenberg, Handbuch S. 11, 302.

lich auch dagegen gesichert sein, daß er von jemandem in Anspruch genommen wird, der gar keinen Schaden erlitten hat oder dem gegenüber er jedenfalls nicht haftpflichtig ist: es besteht also insoweit ein selbständiges Interesse auf sogenannten Rechtsschutz.

III. In der Hauptsache aber sind die Interessen des A und des B wirklich koinzident, und daher ist auch der entstandene Schaden nur einmal zu ersetzen, wenn neben der Haftpflichtversicherung noch eine unmittelbare Schadensversicherung besteht.

Würden sich also die beiden Versicherungen nicht nur in bezug auf den Inhalt, sondern auch in bezug auf die Voraussetzungen der Ersatzpflicht der Versicherer vollständig decken, so könnte man sie nach dem Vorbilde der Doppelversicherung behandeln (oben Seite 22)[3]. Insbesondere wäre die Haftpflichtversicherung neben der unmittelbaren Schadensversicherung überflüssig, eine reine Prämienverschwendung, und der A hätte nur noch Anlaß, sich gegen die Insolvenz des B zu versichern, also eine Kreditversicherung zu nehmen; oder aber die Haftpflichtversicherung wäre vom B zugunsten des A zu schließen: dann würde derselbe Effekt erzielt, und die Prämie für die unmittelbare Schadensversicherung könnte erspart werden.

1. Dies ist aber aus einem naheliegenden Grunde nicht möglich. Denn die beiden Interessenten sind einander ja in der Regel völlig fremd. Weder weiß der A, welche Person ihm gegenüber vielleicht einmal haftpflichtig werden wird, noch weiß der B, für welchen Sachschaden er vielleicht einmal aufzukommen haben wird. Es fehlt dem B daher die Möglichkeit, einen bestimmten „Gegenstand", auf den sich die Versicherung bezieht (oben Seite 4) anzugeben; in der Haftpflichtversicherung erhält der Versicherungsvertrag seinen konkreten Inhalt, seine Bestimmtheit regelmäßig nur durch die Vereinbarung über eine gewisse Person oder Personenmehrheit (z. B. die jeweiligen Angestellten eines bestimmten Gewerbebetriebes), bei deren Haft-

---

[3] Kisch in Rhein. Z. S. 372 f.

§ 6. Das Haftpflichtinteresse. 41

pflichtigwerden der Versicherer einzutreten hat. Auch hier besteht also eine Schadensmöglichkeit und damit ein Interesse im Ausblick auf die Zukunft (oben Seite 6), aber es fehlt die „Beziehung" zu einem Objekte (Person oder Sache), woran sich das Interesse des Versicherungsnehmers knüpft[4], oder richtiger gesagt: diese Beziehung wird erst hergestellt durch eine schadenbringende Tatsache, welche sich an einer fremden bis dahin unbekannten (Person oder) Sache betätigt, und wenn man will, kann man sagen, daß hierdurch der „Gegenstand" der Versicherung bestimmbar gemacht ist (oben S. 3). Denn die Vorstellung, daß jedermann, also auch der Versicherungsnehmer schon kraft des Rechtssatzes, der seine Haftpflicht vorsieht, zu allen möglichen (Personen und) Sachen der ganzen Welt in eine derartige Beziehung gesetzt werde, ist doch zu phantastisch und ebenso wesenlos wie etwa der Gedanke, daß der Eigentümer einer Sache zu sämtlichen Personen des Erdballes in Beziehung stehe, weil jeder von ihnen in der Lage sei, das Recht des Eigentümers zu beeinträchtigen.

Es bleibt daher jedem der beiden beteiligten Personen (A und B) nur übrig, sich selbständig — der eine gegen den unmittelbaren Schaden, der andere gegen seine Haftpflicht — zu versichern, obwohl der Schaden nur einmal ersetzt werden darf.

2. **Eine Ausnahme besteht nur da, wo direkter Schaden und Haftpflicht auf dieselben bestimmten Gegenstände konzentriert sind.** So bei den auf dem Transport befindlichen Gegenständen: hier trifft der direkte Schaden den oder die Ladungsbeteiligten, während der Transportunternehmer, also Frachtführer, Eisenbahn, Reeder, Spediteur nur in Bezug auf dieselben (transportierten) Gegenstände haftpflichtig werden kann; ebenso bei vermieteten, verliehenen, zur Auf-

---

[4] Man kann sagen: Gegenstand der Versicherung ist das gesamte Vermögen des Versicherungsnehmers, weil es mit einer Verpflichtung belastet wird, aber das ist eine rein theoretische Vorstellung ohne jeden praktischen versicherungsrechtlichen oder versicherungstechnischen Wert.

bewahrung, zur Ausbesserung, zur Reinigung gegebenen Gegenständen, wo der Eigentümer den direkten Schaden erleidet, der Mieter, Leiher, Aufbewahrer (Lagerhaus!), Handwerker, die Waschanstalt in bezug auf diese Gegenstände haftpflichtig werden kann. In solchen Fällen — man hat sie neuestens unter dem Ausdruck „Kundenversicherung" zusammengefaßt[5] — besteht in der Tat die Möglichkeit, durch einmalige Versicherung des Substanz- und eventuell auch des Nutzungsinteresses zugleich das Haftpflichtinteresse, soweit es damit identisch ist (oben S. 39, II), mitzudecken. Wenn der haftpflichtigen Person ein Konkurrenzinteresse (auf Grund eines Pfandrechts) an den versicherten Gegenständen zusteht, kann auch dieses Interesse durch jene einmalige Versicherung mit gedeckt werden. Siehe unten § 9, S. 68 f.

3. Nicht damit zu verwechseln ist der Fall, daß jemand nur mit bestimmten Gegenständen dem geschädigten Dritten haftet, z. B. der Reeder wegen seiner auf das Schiffsvermögen beschränkter Haftung; darüber unten S. 44, V.

IV. Wenn also das Haftpflichtinteresse im wesentlichen mit dem Substanz- bzw. Nutzungsinteresse koinzident ist, und wenn also in soweit (wenigstens in den Fällen unter III, 2) durch eine einmalige Versicherung sämtliche Interessen gedeckt werden könnten, so wäre diese sehr wünschenswerte Vereinfachung und Verbilligung doch überhaupt nur dann denkbar, wenn nicht nur der Inhalt, sondern auch die Voraussetzungen der Ersatzpflicht des Versicherers bei beiden Versicherungen sich völlig deckten oder wenn wenigstens die eine von ihnen nach Inhalt und Voraussetzungen die weitergehende wäre, also sämtliche Ersatzmöglichkeiten der anderen mit umfaßte. Dies scheint nach dem S. 39 f. unter II ausgeführten die Haftpflichtversicherung zu sein, da nur sie den Haft-

---

[5] Weygand, die Kundenversicherung (1914). Das gleiche Problem in engerer Begrenzung ist behandelt in der Schrift von Richter, die Versicherung der in einem Betriebe zur Bearbeitung befindlichen fremden Waren gegen Feuersgefahr (Schäfers Abhandlungen Band 22, 1913).

§ 6. Das Haftpflichtinteresse. 43

pflichtigen auch gegen eine unberechtigte Inanspruchnahme schützt. Und da der Haftpflichtige dem unmittelbar Geschädigten nicht bloß den Sachwert (gemeinen oder Marktwert), sondern vollen Schadensersatz zu leisten hat, so deckt die Haftpflichtversicherung jeden, auch den indirekten Schaden, also insbesondere neben dem Substanzinteresse stets von selbst auch das Nutzungsinteresse des unmittelbar Geschädigten, während dieses bei der Sachversicherung ausdrücklich mit versichert werden müßte (oben S. 35)[6]. Aber in allen übrigen Beziehungen geht umgekehrt die direkte Schadensversicherung viel weiter. Denn die Haftpflicht des Versicherungsnehmers und also der Versicherungsfall für den Haftpflichtversicherer tritt in der Regel nur ein, wenn den Versicherungsnehmer ein Verschulden trifft, nur in gewissen Fällen (Eisenbahn, Gastwirt!) hat er auch für zufälligen Schaden aufzukommen (und auch hier mit Ausschluß der höheren Gewalt), während der direkte Interessent gerade in allererster Linie für den Fall der höheren Gewalt oder eines sonstigen zufälligen Schadens Deckung durch seinen Versicherer erstrebt.

Also obwohl in beiden Fällen die versicherten Interessen sich ihrer Art nach im wesentlichen decken, und auch die Ersatzleistung die gleiche ist (nur daß in dem einen Falle das Nutzungsinteresse ausdrücklich versichert sein muß, in dem anderen Falle von selbst mit versichert ist), geht im übrigen der Inhalt des Versicherungsvertrags vielfach auseinander, sodaß in einigen Beziehungen für den Haftpflichtversicherer, in anderen und besonders in bezug auf den Umfang der Gefahr für den direkten Versicherer das Risiko größer ist[7].

---

[6] Noch in einem anderen Punkt ist die Haftpflichtversicherung unter Umständen die weitergehende. Z. B. der Spediteur haftet auch wegen unrichtiger Deklaration, wenn einer anderen Person, insbesondere dem Transportunternehmer — der Eisenbahnverwaltung — dadurch Schaden erwächst (etwa durch Explosion, Weygand S. 65); diese Haftpflicht würde also durch eine lediglich auf die transportierten Güter genommene Substanzversicherung nicht mitgedeckt sein.

[7] Aber diese Verschiedenheit des Risikos darf nicht mit der Verschiedenheit der Interessearten verwechselt werden (oben S. 22).

Und wenn also auch der entstandene Schaden nur einmal ersetzt werden darf, so ist es doch nicht denkbar, das Verhältnis zwischen den beiden Versicherern nach Analogie der Doppelversicherung zu behandeln und eine Ausgleichung nach Höhe der Versicherungssummen (VVG. § 59 II Satz 1) vorzunehmen (oben S. 22)[8]. Daher hat denn auch das positive Recht ganz anders entschieden, es regelt den Fall so, wie wenn der unmittelbar Geschädigte (A) überhaupt keine Versicherung genommen hätte: dann würde dieser sich an den Haftpflichtigen (B) halten, der seinerseits, falls er sich gegen Haftpflicht versichert hat, durch seinen Versicherer gedeckt ist. Falls nun der A ebenfalls versichert ist, geht sein Ersatzanspruch gegen B wie jeder andere Ersatzanspruch des Versicherungsnehmers gegen einen Dritten auf seinen Versicherer über, soweit dieser ihm Ersatz geleistet hat (VVG. § 67, HGB. § 804), und der Haftpflichtversicherer des B hat also dem direkten Versicherer des A Ersatz zu leisten. Geht die Haftpflicht des B weiter als die Ersatzpflicht des direkten Versicherers, so behält insoweit der A seinen Anspruch gegen B, und alles hat schließlich der Haftpflichtversicherer zu decken. Fällt umgekehrt der entstandene Schaden aus dem Rahmen der Haftpflicht heraus (z. B. im Falle höherer Gewalt), so bleibt der Haftpflichtversicherer ganz aus dem Spiel, und der direkt Geschädigte bzw. dessen Versicherer trägt den Schaden allein.

V. Haftpflicht und Haftpflichtversicherung gestalten sich in sehr eigentümlicher Weise dann, wenn der Haftpflichtige (B) dem Ersatzberechtigten (A) **nur mit bestimmten Gegenständen haftet**, wie z. B. der Reeder nur mit seinem Schiffsvermögen, der Ladungsbeteiligte mit seinen Gütern — wir wollen sie als Haftgut bezeichnen. Hier hat der B natürlich nur soweit ein versicherbares Interesse am Nichthaftpflichtigwerden, als dadurch sein Haftgut in Mitleidenschaft gezogen wird. Auch wenn es nämlich einen unmittelbaren Schaden nicht erleidet, das Substanz- und

---

[8] Die hier einschlagenden Fragen werden in der oben Seite 38 Anm. 1 angegebenen Literatur ausführlich erörtert.

§ 6. Das Haftpflichtinteresse. 45

Nutzungsinteresse daran also äußerlich unverletzt bleibt, werden diese Interessen doch soweit geschädigt oder vernichtet, als die Belastung mit der Haftpflicht die Verwertung oder die Nutzung (Erlös oder Ertrag) des Haftguts beeinträchtigt.

Wenn nun — wie regelmäßig der Fall — diese Interessen schon gegen den durch die Seegefahr drohenden unmittelbaren Schaden versichert sind, kann auch die Haftpflicht (Belastung des Haftguts), soweit sie durch dieselbe Seegefahr hervorgerufen wird, also das Risiko das gleiche ist (oben IV), einfach in diese Seeversicherung mit eingeschlossen werden. In der Tat ist dies seit langem geschehen — wohl der älteste Fall einer Haftpflichtversicherung überhaupt. Im Seeversicherungsrecht gilt von alters her der Grundsatz, daß bei jeder Versicherung von Schiff, Fracht oder Ladung gewisse Fälle der Haftpflicht ohne weiteres mitgedeckt sind; diese Fälle, z. B. Schiffskollision (HGB. § 820 Z. 7), Verbodmung der Ladung (HGB. § 820 Z. 5) erscheinen gewissermaßen als selbständige Seegefahren, deren Eintritt trotz physischer Unversehrtheit der versicherten Gegenstände ihren Substanzwert oder ihre Nutzung (Ertrag) verringert, also diese Interessen schädigt. Dagegen sind andere Fälle der Haftpflicht kraft Gesetzes ausdrücklich ausgeschlossen (HGB. § 821 Z. 1 Abs. 2), und bei der Haftung aus großer Haverei wird verlangt, daß der Unfall, der dazu Veranlassung gegeben hat, nach dem Versicherungsvertrage zu Lasten des Versicherers geht (HGB. § 836) — ein Grundsatz, der eigentlich auch bei den anderen Fällen Platz greifen müßte.

Es empfiehlt sich, auch noch einen Blick auf den direkt geschädigten Dritten (A) zu werfen, z. B. auf den durch die Schiffskollision geschädigten anderen Reeder. Dieser hat an den versicherten Gegenständen (dem Haftgut des B) ein dingliches Recht und damit ein sogenanntes Konkurrenzinteresse (oben S. 29), aber da dies erst durch das die Haftpflicht des B auslösende Ereignis, z. B. die Schiffskollision, zur Entstehung kommt, so wäre er erst von da an in der Lage, seinerseits auf das Haftgut des B Versicherung zu nehmen, und zwar ähnlich wie es oben (Seite 32) für den Bodmereidarlehnsgeber ausgeführt wurde. In Wahrheit wird aber der A seinerseits schon längst auf sein eigenes Schiff (und Fracht) oder auf seine eigene Ladung anderweit Versicherung gegen Seegefahr genommen haben, er erhält von seinem Versicherer Ersatz, wenn durch die Schiffskollision seine versicherten Gegenstände beschädigt sind, und sein Versicherer erholt sich dann wieder bei dem haftpflichtigen B bzw. bei dessen Versicherer nach den oben S. 44 angegebenen Grundsätzen: der Schaden wird also auch hier nur einmal, und zwar schließlich von dem Haftpflichtversicherer, d. h. von dem Versicherer desjenigen Schiffes gedeckt, das den Schaden verursacht hat und dessen Reeder dadurch haftpflichtig geworden ist.

VI. Resultat: Das Haftpflichtinteresse ist im wesentlichen (nämlich soweit es nicht Rechtsschutzinteresse ist) der Art nach identisch mit dem Substanz- und dem Nutzungsinteresse, und der entstandene Schaden darf daher insoweit auch nur einmal vergütet werden; aber eine einmalige (gemeinschaftliche) Versicherung des direkten Schadens und der Haftpflicht ist auch insoweit nur da möglich, wo beide sich auf dieselben bestimmten Gegenstände konzentrieren (III, 2), indem nämlich die Versicherung gegen das umfassendere, weitergehende Risiko genommen wird. Denn in allen übrigen Fällen fehlt die dazu notwendige Beziehung zwischen dem direkten Interessenten und dem Haftpflichtinteressenten.

Zweiter Abschnitt. Der Interessent.

§ 7.
1. Die Bedeutung der Person des Interessenten für die Schadensversicherung.

Wie bei jedem Vertrag, so steht auch beim Versicherungsvertrag der einen Partei eine bestimmte andere Person als Gegenpartei gegenüber, nämlich dem Versicherer der Versicherungsnehmer:

§ 7. Die Bedeutung d. Person d. Interessenten f. d. Schadensversicherung. 47

letzterer ist es insbesondere, der die Prämie schuldet und dem die Prämienzahlung also eventuell gestundet wird. Bei der Schadensversicherung ist der Versicherungsnehmer in der Regel auch der Interessent (der sog. Versicherte); wo dies nicht der Fall ist, spricht man von Versicherung für fremde Rechnung, besser Versicherung eines fremden Interesses.

Bisher haben wir, um den Begriff und die Arten des Interesses klar herauszustellen, von der Person des Interessenten abgesehen (oben S. 10), und nur mehrfach Gelegenheit gehabt, festzustellen, daß sie für die Art des Interesses gleichgültig ist. In ähnlicher Weise müssen wir nunmehr die Person des Interessenten — ohne Rücksicht auf die Art des Interesses — ganz für sich betrachten und ihre Bedeutung für den Versicherungsvertrag feststellen.

Diese Bedeutung ist eine mehrfache und sehr verschiedene.

I. **Für die Individualisierung des einzelnen Versicherungsvertrags**, also um seinem Inhalt die erforderliche Bestimmtheit zu geben, ist die Person des Interessenten im allgemeinen ohne Bedeutung[1], es genügt eine Vereinbarung über den Gegenstand der Versicherung und über die Art des Interesses, ja wenn lediglich das Substanzinteresse versichert werden soll, genügt eine Vereinbarung über den Gegenstand, weil damit stets das Substanzinteresse gemeint ist (oben Seite 28). Nur da, wo eine Vereinbarung über den Gegenstand der Versicherung unmöglich ist, wie meist bei der Haftpflichtversicherung,

---

[1] A. A. Kisch, Jh. 63 S. 370, 384. Dieser Schriftsteller (Rheinische Zeitschr. VI, 369) meint auch, daß eine Doppelversicherung nur vorliege, wenn dieselbe Person gegen dasselbe Interesse mehrfach versichert sei. Man muß jedoch unterscheiden: Die Wirkung der Doppelversicherung, daß der Schaden nur einmal ersetzt werden darf, tritt auch dann ein, wenn die mehreren Versicherungen für verschiedene Personen genommen sind, z. B. für den Eigentümer und den Hypothekengläubiger oder den Haftpflichtigen (oben S. 30, 40, 46); dagegen die übrigen Wirkungen, insbesondere das Verhältnis der beiden Versicherer zueinander regelt sich nach anderen Grundsätzen, weil meist das Risiko (Voraussetzungen und Inhalt der Ersatzpflicht) bei beiden Versicherungen verschieden sind. Vgl. oben S. 22, 42 f. und unten S. 65 ff.

bedarf es natürlich einer Vereinbarung über die Person des Interessenten (oben Seite 40 f.)

Auch wenn mehrere Mitinteressenten an derselben Sache, z. B. Miteigentümer, vorhanden sind und lediglich das — Substanz- oder Nutzungs- — Interesse eines Beteiligten versichert werden soll, bedarf es nur der Angabe, daß ein bestimmter Teil des Interesses, z. B. ein Drittel, dieses aber zum vollen Werte versichert wird: letzteres ist notwendig, um eine solche Anteilversicherung von einer Unterversicherung zu unterscheiden. Die Angabe der Person desjenigen Mitinteressenten, dessen Anteil versichert werden soll, ist nützlich, um im Schadensfalle den Ersatzberechtigten zu identifizieren, dies kann aber auch auf jede andere Weise geschehen. Auch sonst darf man die für den Vertragsabschluß erforderliche Individualisierung und die nachträgliche Identifizierung nicht miteinander verwechseln (oben S. 4)[2]. Handelt es sich um mehrere gleichartige Gegenstände, sind z. B. mehrere Transporte von Gütern gleicher Art und gleicher Menge unterwegs, die nicht oder doch wenigstens nicht sämtlich bei demselben Versicherer versichert sind, so ist um Zweifel und betrügerische Unterschiebungen auszuschließen, eine weitere Kennzeichnung wünschenswert, z. B. Angabe des Schiffs, in dem die versicherten Güter verladen sind oder verladen werden sollen; und wenn die verschiedenen Transporte verschiedenen Personen gehören oder an verschiedene Personen adressiert sind, so kann, wie der Name des Adressaten, so auch der Name des ursprünglichen Interessenten zur Identifizierung dienen.

II. Für Inhalt und Umfang der Leistung des Versicherers ist die Person des Interessenten dann und zwar von der größten Bedeutung, wenn der Versicherer sich verpflichtet hat, „Schadensersatz" im Sinne des Bürgerlichen Gesetzbuchs zu leisten, also den konkreten, subjektiven Schaden zu ersetzen, den eine be-

---

[2] Beides hält nicht genügend auseinander Weygand S. 28. — Auch bei Kisch, Jh. 63 S. 370 ff. scheint der Unterschied nicht überall klar hervorzutreten.

§ 7. Die Bedeutung d. Person d. Interessenten f. d. Schadensversicherung. 49

stimmte Person (eben der Versicherte) unter den besonderen Umständen des Falls erlitten hat: das Bürgerliche Gesetzbuch und die Rechtswissenschaft pflegen hier von „Ersatz des Interesses" zu sprechen und den Ausdruck „Interesse" in der — für das Versicherungsrecht sonst nicht in Betracht kommenden — Richtung auf die Vergangenheit zu verwenden (oben Seite 6 und 9).

Es kann aber auch sein, daß der Versicherer — wie in der Regel auch der Frachtführer, HGB. § 430[3] — bei seiner Ersatzleistung von jeder Rücksicht auf die Person eines bestimmten Interessenten absieht; denn wie der Frachtverkehr, so ist auch der Versicherungsverkehr ein Massenverkehr, der mit Durchschnittszahlen zu rechnen hat, und wenn dabei auf die Möglichkeiten des einzelnen Schadensfalls Rücksicht genommen werden soll, dann kann die Gegenleistung (Prämie) nicht nach allgemein gültigen Tarifen, sondern muß in jedem konkreten Falle besonders festgestellt werden.

III. Die Person des Interessenten kann ferner bedeutungsvoll sein mit Rücksicht auf ihre **Vertrauenswürdigkeit**, und zwar hier nach einer doppelten Richtung. Einmal ist der Versicherer mehr als sonst eine Vertragspartei auf die Zuverlässigkeit und Wahrheitsliebe der auf der anderen Seite stehenden Personen angewiesen. Beim **Abschluß** des Vertrags kommt hier allerdings in erster Linie die Gegenpartei (der Versicherungsnehmer) in Betracht, aber doch wesentlich deswegen, weil er in der Regel zugleich der Interessent ist; ist dies nicht der Fall („Versicherung für fremde Rechnung") oder schließt ein Vertreter für ihn ab, so fehlt dem Abschließenden häufig eine genaue Kenntnis des zu versichernden Risikos, und der Versicherer wäre dann in der bedenklichen Lage, nicht ausreichend über dessen Gefahrsumstände unterrichtet zu werden. Auch das Umgekehrte ist freilich möglich: der Konkurrenzinteressent (Bodmereigeber, Hypothekengläubiger) als Versicherungsnehmer pflegt den Versicherer über das

---

[3] Anders, wenn der Schaden durch Vorsatz oder grobe Fahrlässigkeit herbeigeführt ist (HGB. § 430 III, 431).

Risiko nicht ausreichend informieren zu können. Auch für die Erfüllung der Obliegenheiten während der Dauer des Versicherungsverhältnisses (Unterlassen einer Gefahrserhöhung, Anzeigepflichten usw.) ist der Versicherer auf die Zuverlässigkeit des Versicherten angewiesen, und ganz besonders gilt dies **nach Eintritt des Versicherungsfalls** bezüglich der Mitteilungen über Ursache und Umfang des entstandenen Schadens.

Sodann aber ist der Interessent (der Versicherte) häufig in der Lage, auf das **tatsächliche und rechtliche Schicksal der versicherten Gegenstände Einfluß auszuüben**, oft stehen die versicherten Gegenstände geradezu in seiner oder seiner Angestellten Gewalt. Daher kann es für den Versicherer von Wichtigkeit sein, ob der Versicherte eine sorgsame, erfahrene, umsichtige Persönlichkeit ist oder nicht. Wenn der Versicherungsfall droht oder bereits eingetreten ist, hängt es oft von der Persönlichkeit des Versicherten ab, ob rasch und zweckmäßig eingegriffen wird, ob die geeigneten Abwehr= und Rettungsmaßregeln ergriffen werden, oder ob dies unterbleibt, vielleicht gar eine künstliche Vergrößerung des Schadens fahrlässig oder vorsätzlich herbeigeführt wird. Bei manchen Versicherungsarten, besonders bei der Viehversicherung spielt aus diesem Grunde die Person des Versicherten eine wichtige Rolle, bei anderen, wie bei der Versicherung von Gütern gegen Transportgefahr, tritt sie wieder sehr in den Hintergrund, oder es kommt doch weniger auf die Persönlichkeit des Interessenten an, als darauf, ob dieser selbst oder ob ein anderer, z. B. der Reeder, den entscheidenden Einfluß während der Dauer des Versicherungsverhältnisses auf die versicherten Gegenstände (Ladung) hat, oder ob sonst ein Dritter, z. B. ein Spediteur, eingeschaltet wird[4], dem zeitweilig die Verfügung über die versicherten Gegenstände, die Auswahl der Transportgelegenheit, die Erteilung von Anweisungen an den Transportunternehmer zusteht. Hier kommt also wieder weniger die individuelle Persön-

---

[4] Weygand S. 68 ff., S. 79 ff.

lichkeit des Versicherten als seine oder eines Dritten Berufsstellung in Betracht.

Wenn aber der Versicherer in allen diesen Fällen Gewicht darauf legt, gerade einen Mann seines Vertrauens, den er selbst dafür beim Vertragsschluß ausgewählt hat, als maßgebende Persönlichkeit sich gegenüber zu wissen, wenn er glaubt, daß nur in dessen Händen der versicherte Gegenstand gut aufgehoben ist, und daß nur dieser die gesetzlichen und vertragsmäßigen Obliegenheiten gehörig erfüllen wird, dann müßte — soweit es sich um die Person des Versicherten handelt — prinzipiell eine feste Vereinbarung über diese Person stattfinden und der Eintritt eines anderen Interessenten in seine Stelle dürfte nur mit Zustimmung des Versicherers gestattet sein. Diesen Erfordernissen würde also schon jede Versicherung „für Rechnung, wen es angeht", überhaupt für Rechnung eines nicht genannten Versicherten nicht genügen; hat sich der Versicherer aber einmal auf eine Versicherung eingelassen, bei der die Person des Versicherten unbestimmt geblieben ist, so kann es ihm auch einerlei sein, wer sich später als Anspruchsberechtigter herausstellen wird, ein Anknüpfen des Versicherungsanspruchs an die Person des ursprünglichen Interessenten würde alsdann zwecklos sein. Und dies würde natürlich erst recht der Fall sein, soweit es sich gar nicht um die Person des Versicherten, sondern um die eines anderen Vertrauensmannes wie des Spediteurs oder des Reeders handelt.

IV. Die Person des Interessenten hat für die Versicherung auch noch Bedeutung aus Gründen, die über den einzelnen Versicherungsvertrag hinausgehen und auf das Gebiet des öffentlichen Wohles übergreifen. Um nämlich den Anreiz zum Abschluß verderblicher Wettversicherungen fernzuhalten, muß irgendwie Vorsorge getroffen werden, daß die Versicherung nur dem wahren Interessenten, nicht einem beliebigen Dritten zugute kommt. Hierzu ist aber ihre Anknüpfung an den ursprünglichen Interessenten nicht erforderlich, es genügt, daß derjenige, welcher den Ersatzanspruch erhält, der **gegenwärtige Interessent ist**; ja, auch durch andere Kautelen läßt sich derselbe Zweck erreichen [5].

V. Die Rechtswirkungen gewisser Handlungen auf das Versicherungsverhältnis können verschieden sein, je nachdem sie von dem Versicherungsnehmer oder bei der Versicherung für fremde Rechnung von dem Interessenten (dem Versicherten) oder von einer dritten Person ausgehen, ferner je nachdem diese Handlungen verschuldet sind oder nicht, so z. B. die Gefahrserhöhung, die Herbeiführung des Versicherungsfalls. Hat nun die Person des Versicherten während der Dauer des Versicherungsverhältnisses gewechselt oder war überhaupt keine bestimmte Person beim Abschluß des Versicherungsvertrags als Versicherter bezeichnet, so ist es notwendig, festzustellen, wer in dem **entscheidenden Zeitpunkt, als die Handlung vorgenommen wurde, Interessent war** [6]. In Betracht kommt daher der **jeweilige Interessent**.

Auch **Unterlassungen**, durch die eine Obliegenheit des Versicherten verletzt wird, (z. B. Verletzung einer Anzeigepflicht), können hier insoweit in Betracht kommen, als es einen Unterschied ausmacht, ob sie verschuldet oder unverschuldet waren; um feststellen zu können, ob Schuld oder Nichtschuld vorlag, muß ebenfalls feststehen, wer während des Zeitraums, innerhalb dessen die Obliegenheit zu erfüllen war, Interessent gewesen ist [7].

§ 8.
2. Subjektives und objektives Interesse.

Aus den Ausführungen des vorigen Paragraphen ergibt sich, daß, wenn der Versicherer gewillt ist oder verpflichtet werden soll, das konkrete Interesse zu ersetzen, also dasjenige, welches ge-

---

[5] Hellwig, Verträge auf Leistung an Dritte S. 543, b; — Lenné S. 18 ff., vgl. auch S. 21; — Weygand S. 100.

[6] Kisch, Jh. 68 S. 373 f., 416 ff.

[7] Das hier ausgeführte gilt übrigens auch für Handlungen und Unterlassungen des Versicherungsnehmers, falls dieser nicht ohnedies — was ja die Regel bildet — zugleich der Versicherte ist.

§ 8. Subjektives und objektives Interesse.

rade die beim Vertragsschluß als Versicherter bezeichnete Person an dem Ausbleiben des Versicherungsfalles hat (§ 7, II), das Interesse dauernd an diese Person geknüpft bleiben muß, damit der Versicherungsfall die Ersatzleistung auslöse. Kommt es ferner dem Versicherer auf die Zuverlässigkeit und Vertrauenswürdigkeit des Versicherten an (§ 7, III), so darf in der Person des ursprünglichen Interessenten nicht oder wenigstens nicht ohne Zustimmung des Versicherers ein Wechsel eintreten. Dagegen ist hierfür nicht unbedingt erforderlich, daß alle Einreden aus der Person eines früheren Interessenten auch dessen Nachfolger gegenüber geltend gemacht werden dürfen; wohl aber ist dies wieder mindestens insoweit erforderlich, als ein früherer Versicherter eine die Wirksamkeit des Versicherungsverhältnisses beeinträchtigende Handlung oder Unterlassung sich zuschulden kommen ließ (§ 7, V). Lediglich um Wettversicherungen fernzuhalten (§ 7, IV), ist gegen einen Wechsel in der Person des Versicherten nichts einzuwenden; nur muß Vorsorge getroffen sein, daß die Ersatzleistung dem gegenwärtigen Interessenten zugute kommt, wofür äußerstenfalls schon genügt, daß er vom Abschluß der Versicherung Kenntnis hat.

Den Gründen, welche für eine mehr oder minder starke Verknüpfung des Versicherungsverhältnisses mit der Person des Versicherten — des ursprünglichen oder jeweiligen — sprechen, stehen andere gegenüber, welche dafür sprechen, von einer solchen Verknüpfung abzusehen. Es ist gerade für den Versicherer sehr gefährlich, sich auf einen Ersatz des zufälligen und ganz unberechenbaren Interesses einzulassen, welches der einzelne, konkrete Interessent an dem Schicksal der versicherten Gegenstände hat. Sodann ist die Person des Versicherten beim Abschluß des Vertrags häufig noch unbekannt oder unbestimmt, und dann ist es zur Erleichterung und Beschleunigung der Versicherung notwendig, von einer Vereinbarung über diese Person abzusehen. Ferner tritt auch — besonders bei den für den Handelsverkehr bestimmten Gegenständen — häufig ein Wechsel in der Person des Interessenten ein, und auch wo dies seltener der Fall ist, wie bei Gebäuden, besteht die Gefahr, daß der neue Interessent (der Erwerber) eine Zeit lang unversichert bleibt, zumal wenn er von dem Erwerb noch nichts erfahren hat. Endlich wird ein und dasselbe Interesse häufig **teilweise** auf eine andere Person übertragen (Hypothekengläubiger), denen eine selbständige Versicherung ihres Interesses schwer, ja faktisch oft unmöglich ist, zumal wenn ihr Interesse lediglich ein vorübergehendes, also von kurzer Dauer ist (Mobiliarpfandgläubiger); auch würde dies leicht zu Doppelversicherungen, also zur Prämienverschwendung führen.

Gesetzgeber und Wissenschaft sehen sich also nicht vor ein einzelnes Problem, sondern vor eine ganzen Fülle von Problemen gestellt, und es ist irreführend, deren mögliche verschiedenartige Regelung in dem Gegensatz: Versicherung des **subjektiven Interesses** und Versicherung des **objektiven Interesses** zusammenzufassen. Wie fast immer, wenn es sich um verwickeltere juristische Fragen handelt, ist es auch hier nicht möglich, in einer kurzen Formel die Antwort zu geben[1].

I. **Versicherung des subjektiven Interesses** bedeutet, daß derjenige Schaden festgestellt und — ganz oder teilweise — ersetzt werden soll, welchen eine beim Vertragsschluß ausdrücklich benannte oder durch Merkmale bezeichnete (also bestimmte oder bestimmbare) Person durch Eintritt des Versicherungsfalls erleiden würde: hier muß also, wie über die **Art des Interesses** (oben S. 8), so auch über die **Person des Interessenten** stets eine Vereinbarung stattfinden.

---

[1] Ich habe in meinem Handbuch S. 309—311 der Ansicht Ausdruck gegeben, daß die Entwicklung mehr und mehr zu einer Versicherung des objektiven Interesses hindränge. Das BGB. und das VVG. haben mir nur teilweise Recht gegeben. Was insbesondere die Regelung der Stellung der Hypothekengläubiger anbetrifft (Ehrenberg, Handbuch S. 391 ff.), so siehe nachher im Text Seite 58 ff. In der neuesten Zeit hat man sich viel mit diesen Fragen befaßt; vgl. Gerhard-Hagen, Kommentar zu VVG. § 51 Nr. 6, 7; Lenné S. 29, S. 70; — Weygand S. 33; — Kisch, Jh. 63 S. 363 ff. — Cahn S. 21 ff.

§ 8. Subjektives und objektives Interesse.

1. Voraussetzung des Versicherungsfalls ist demnach, daß diese Person einen Schaden erlitten hat, und ein Wechsel in der Person des Versicherten ist ausgeschlossen; denn nachdem der ursprüngliche Interessent aufgehört hat, Interessent zu sein, kann er auch keinen Schaden mehr erleiden.

2. Der Inhalt der Ersatzleistung richtet sich nach dem Schaden, den diese beim Vertragsschluß benannte oder bezeichnete Person erlitten hat; er deckt sich also mit der regelmäßigen Schadensersatzpflicht des Schuldners nach dem Bürgerlichen Gesetzbuch auf Grund einer unerlaubten Handlung (meist auch einer Vertragsverletzung), oben S. 48, II.

II. Versicherung des objektiven Interesses bedeutet dagegen, daß bei der Ersatzleistung von der Person eines beim Vertragsschluß bestimmten (oder bestimmbaren) Interessenten gänzlich abgesehen wird.

1. Voraussetzung der Ersatzleistung ist lediglich, daß das versicherte Interesse an dem versicherten Gegenstande verletzt ist; wem dieses Interesse zusteht, ist gleichgültig. Wo ein Interesse bestimmter Art verletzt ist, muß stets auch ein Interessent vorhanden sein, und es genügt, daß dieser festgestellt wird; auf seine Person, nämlich ob er identisch ist mit dem ursprünglichen oder einem späteren Versicherten, kommt es nicht an.

2. Der Inhalt der Ersatzleistung bestimmt sich nicht nach dem Schaden, den dieser Interessent erlitten hat oder den ein früherer oder der ursprüngliche Interessent erlitten haben würde, wenn er noch Interessent wäre; er wird überhaupt nicht nach einem konkreten, sondern nach einem abstrakten Maßstab (gemeiner Sachwert, Marktpreis, Kurs) festgestellt.

III. Ein Blick in unser positives Versicherungsrecht zeigt, daß dieses weder den Standpunkt des subjektiven Interesses noch den des objektiven Interesses einseitig vertritt, sondern daß die sehr verschiedenartigen und sich durchkreuzenden praktischen Bedürfnisse (oben § 7) auch zu verschiedenartigen und sich durchkreuzenden Vorschriften geführt haben: Der Gesetzgeber trifft verständigerweise seine Entscheidungen nicht nach Prinzipien², sondern auf Grund praktischer Erwägungen, und wo er ausnahmsweise anders verfährt, pflegt das Resultat nicht erfreulich zu sein. Ohne mich in Einzelheiten zu verlieren, will ich auf die Hauptmomente kurz hinweisen.

A. Was die Voraussetzungen des Versicherungsfalls anbetrifft,

1. so zeigt sich die Gleichgültigkeit gegen die Person eines bestimmten Interessenten in folgenden Bestimmungen:

a) Allgemein darin, daß beim Wechsel in der Person des Interessenten durch Veräußerung der versicherten Sache die Versicherung für den neuen Interessenten zunächst fortdauert, damit dieser nicht unversichert ist (VVG. §§ 69 ff.)³; aber der Versicherer kann ihm das Versicherungsverhältnis unter Einhaltung einer Monatsfrist kündigen und damit die Bedeutung, welche er auf die Person des bisherigen Interessenten legt, zur Geltung bringen. Noch weiter in bezug auf die Gleichgültigkeit gegen diese Person geht der § 151 II VVG. (Haftpflichtversicherung eines geschäftlichen Unternehmers), während umgekehrt bei der Viehversicherung das Versicherungsverhältnis mit der Veräußerung des Tieres endigt (VVG. § 128 I) und nur für den Fall einer Grundstücksveräußerung mit lebendem Inventar wiederum der allgemeine Satz zur Geltung kommt.

Daß auch gegen einen Nachfolger im Interesse Einwendungen aus dem Inhalt des Versicherungsvertrags vorgeschützt werden

---

² Kisch, Jh. 63 bezeichnet als „Normalfall" die Versicherung des subjektiven Interesses (S. 383 f.); die „Abweichungen" führt er auf „Gründe der Billigkeit" (S. 380) oder auf „praktische Gründe" (S. 394) zurück. Aber entweder beruht auch das angebliche Prinzip (der „Normalfall") auf Gründen der Billigkeit und praktischen, d. h. vernünftigen Erwägungen oder es taugt nichts, einen Gegensatz dieser Art vermag ich nicht anzuerkennen.

³ Diese Gesetzesbestimmungen führen zu ungemein großen Schwierigkeiten und Zweifeln, sie werden daher immer von neuem monographisch behandelt. In der umfangreichen Schrift von Cahn (oben S. 1 Anm. 1) S. 11 ff. ist die Literatur ziemlich vollständig aufgeführt; neuestens vgl. auch Blumhardt in ZfVersichWiss. Bd. 14 S. 440 ff.

§ 8. Subjektives und objektives Interesse.

können (siehe jedoch nachher b, α), versteht sich von selbst; ob auch rein persönliche Einreden, zumal solche, die nicht in die Polize aufgenommen sind, darüber läßt sich streiten[4], das Gesetz schweigt über alle diese Fragen.

b) Der Gesetzgeber hat es dem Versicherer überlassen, seine Gleichgültigkeit gegen die Person des Interessenten beim Abschluß des Versicherungsvertrages zu erklären, denn

α) die entgegengesetzten gesetzlichen Bestimmungen sind nicht zwingender Natur, sie können zwar nicht zuungunsten, wohl aber zugunsten des Erwerbers des versicherten Gegenstandes beliebig abgeändert werden (vgl. VVG. § 72). Der Versicherer kann im Versicherungsvertrag auf sein Kündigungsrecht (oben a) verzichten, ebenso auf Einreden, die ihm gegen den ursprünglichen Versicherten zustehen: das bedeutet für die Voraussetzungen des Versicherungsfalls insoweit eine reine Versicherung des objektiven Interesses. Dagegen der Versicherungsnehmer kann für seine künftigen Rechtsnachfolger weder die einmonatliche Fortdauer der Versicherung, also die Hinneigung zur Versicherung des objektiven Interesses hindern, noch dessen fristloses Kündigungsrecht, also die Betonung der Versicherung des subjektiven Interesses, wirksam ausschließen. Und das alles ist in einem und demselben Versicherungsvertrag möglich bzw. unzulässig! Schon daraus ergibt sich, was von dem angeblichen Gegensatz der Versicherung des objektiven und des subjektiven Interesses zu halten ist.

β) Die Versicherung kann „für Rechnung wen es angeht" abgeschlossen werden, so daß unbestimmt gelassen wird, ob der Versicherungsnehmer oder ein anderer der Interessent ist (VVG. § 80 II)[5]. Die Meinung kann dahin gehen, daß diejenige Person

---

[4] Zu weit geht meines Erachtens Weygand S. 31 unten, S. 32 oben.
[5] Hierzu Kisch, Jh. 63 S. 427 ff. Die Wirkungen der Versicherung unter dieser Klausel und der Versicherung des objektiven Interesses, was die Voraussetzungen und die Geltendmachung des Versicherungsanspruchs anbetrifft, sind die gleichen. Auch bei der Versicherung des objektiven Interesses müßte ein Interessent nachgewiesen werden, denn ohne Interessenten gibt es kein Interesse (oben Seite 9) und keinen Schaden. Ob der Ver=

versichert sein soll, die zur Zeit des Abschlusses Interessent gewesen ist, oder diejenige, welche zur Zeit des Versicherungsfalls Interessent sein wird: im ersten Falle steht diese Person beim Vertragsschluß objektiv fest und ist nur den Parteien unbekannt, im letzteren Falle kann sie noch während der Dauer des Versicherungsverhältnisses fortwährend wechseln.

c) VVG. § 85 enthält eine Spezialbestimmung für die Feuerversicherung, welche gerade den Zweck hat, hier von der Persönlichkeit eines bestimmten Interessenten abzusehen.

d) In allen diesen Fällen (a, b, c) war der Gesetzgeber bei Abfassung des Versicherungsvertragsgesetzes unbeengt, seine Vorschriften rein nach den praktischen Bedürfnissen zu gestalten; dagegen gerade bei einer der wichtigsten und bestrittensten Fragen, nämlich nach der zweckmäßigsten Regelung der Stellung der Hypothekengläubiger des Versicherten[6] hatte er mit dem erst seit kurzem in Kraft getretenen Bürgerlichen Gesetzbuch zu rechnen. Und hier wie auch sonst fehlte ihm die erforderliche Unbefangenheit gegenüber dem bestehenden Recht, er fühlte sich durch Vorschriften gebunden, die lediglich Notbestimmungen waren, um bei dem Mangel eines Spezialgesetzes über den Versicherungsvertrag den dringendsten praktischen Bedürfnissen zu genügen.

Das Bürgerliche Gesetzbuch wollte ja nicht versicherungsrechtliche Vorschriften geben, es hat daher im wesentlichen nur eine alte Streitfrage des gemeinen Rechts entschieden, indem es ver-

---

sicherungsnehmer befugt ist, den Versicherungsanspruch geltend zu machen und die Versicherungssumme einzukassieren, ist eine ganz andere Frage, deren Bejahung sich auch bei der Versicherung des objektiven Interesses keineswegs von selbst verstehen würde. Die abweichende Ausführung von Kisch a. O. S. 448 f. halte ich nicht für richtig. — Soweit die Wirkungen der beiden Versicherungsmöglichkeiten sich nicht auf die Voraussetzungen, sondern auf den Inhalt des Versicherungsanspruchs beziehen, besteht ebenfalls kein Unterschied, vorausgesetzt, daß das Substanzinteresse versichert ist, weil hier stets nur der Sachwert, nicht „das Interesse" („der Schaden") im Sinne des BGB. ersetzt wird. Vgl. oben § 49 S. 53 und nachher im Text Seite 61. — Über den Fall, daß nicht das Substanzinteresse, sondern das Nutzungsinteresse versichert ist, siehe nachher Seite 62.

[6] Dazu Kisch, Jh. 63 S. 377 ff.

§ 8. Subjektives und objektives Interesse.

fügte, daß bei Grundstücken das Recht des Hypothekengläubigers sich auch auf den Versicherungsanspruch und die Versicherungssumme erstreckt (BGB. § 1127). Immerhin hat es sich bemüht — freilich nur in sehr unvollkommener Weise und nur für die Versicherung von Gebäuden — die Hypothekengläubiger gegen die Gefahr einer Auszahlung der Versicherungssumme an den Versicherten zu schützen (§ 1128, dazu aber § 1130); die Hypothekengläubiger müssen aber nicht nur gegen diese Gefahr gänzlich, sondern auch dagegen geschützt werden, daß durch Handlungen oder Unterlassungen des Versicherungsnehmers oder Versicherten die Ersatzverpflichtung des Versicherers eingeschränkt oder gar gänzlich aufgehoben wird[7], d. h. sie müssen selbständige Rechte aus dem Versicherungsvertrage erhalten, so als ob sie selber auch Versicherte wären, kurz sie müssen rechtlich ähnlich wie Versicherte behandelt werden. Diesen Vorschlag habe ich schon in meinem Handbuch des Versicherungsrechts (1893) gemacht und ihn unter den Gesichtspunkt einer „Versicherung des objektiven Interesses" gestellt, eine Ausdrucksweise, die in der Literatur noch mehr Unheil angerichtet hat, als der Ausdruck „Konkurrenzinteresse". Nachdem inzwischen aber das Bürgerliche Gesetzbuch einmal seine (Not-)Bestimmungen getroffen hatte, wollte man nicht an ihnen rütteln und hat im VVG. §§ 99—107 (nur für die Feuerversicherung) ergänzende Vorschriften getroffen. So ist ein merkwürdiges Flickwerk entstanden: Theoretisch stehen den Hypothekengläubigern lediglich Rechte an dem Rechte des Versicherungsnehmers (Versicherten) zu (BGB.), aber tatsächlich bestehen diese Rechte auch dann fort, wenn das Recht des Versicherungsnehmers untergegangen ist (VVG.) — natürlich nur in Höhe der Hypothekenforderungen: es werden also von der angeblich gar nicht geschuldeten Versicherungssumme („der Versicherer ist von der Verpflichtung zur

---

[7] Ein Punkt, der trotz seiner Wichtigkeit bei der Behandlung dieser Frage in der Literatur meist ganz außer acht gelassen wird.

Leistung frei" oder „vom Vertrage zurückgetreten") Beträge in Höhe der Hypothekenforderungen den Hypothekengläubigern als Teilinteressenten an der Versicherungsforderung[8] dennoch geschuldet! Diese Regelung ist nicht nur in sich unlogisch — das wäre zu ertragen —, sondern auch ungemein verwickelt, unvollständig, schwer zu handhaben und mühsam zu lehren wie zu lernen. Sie hat aber auch neuestens zu der sogar von einem Oberlandesgericht vertretenen Ansicht geführt, daß wenn der Versicherer den Versicherungsvertrag anficht, z. B. wegen arglistiger Täuschung des Versicherungsnehmers, dem Hypothekengläubiger trotz VVG. § 101 kein Anspruch gegen den Versicherer zustehe! „Denn infolge der Anfechtung ist der Versicherungsvertrag als von Anfang an nichtig anzusehen, aus einem nichtigen Vertrage können aber überhaupt keine Rechte entstehen"[9]. Das sind die Folgen einer Spezialgesetzgebung, die ihre Materie nicht aus sich selbst heraus entsprechend den ihr immanenten Bedürfnissen regelt, sondern auf Grund von „Prinzipien" der großen allgemeinen Gesetze wie des Bürgerlichen Gesetzbuchs, der Zivilprozeßordnung, der Konkursordnung.

2. Keine selbständige Bedeutung kommt dem im vorigen Paragraph unter V (S. 52) hervorgehobenen Momente zu, wonach es wegen der — je nach der Persönlichkeit — verschiedenartigen Wirkungen von Handlungen und Unterlassungen unter Umständen notwendig wird, festzustellen, welche Person in einem gewissen Zeitpunkt Interessent gewesen ist. Denn dies setzt überall schon die Möglichkeit eines Wechsels in der Person des Interessenten (oben 1, a) oder das Vorhandensein einer Versicherung für einen unbekannten Interessenten (oben 1, b) voraus.

Wie sehr übrigens den Hypothekengläubigern (oben 1, c)

---

[8] Etwas Abweichendes gilt nur für den Fall, daß die Versicherung wegen Nichtzahlung der Prämie hinfällig wird; hiergegen kann der Hypothekengläubiger sich durch Zahlung der Prämie selber schützen (VVG. § 101 Abs. 2, §§ 103, 105).

[9] Daß der Versicherer trotz sogenannter Nichtigkeit des Vertrages Anspruch auf die Prämie hat, sei nur beiläufig erwähnt!

§ 8. Subjektives und objektives Interesse. 61

auch in dieser Beziehung in Wahrheit die Stellung von Versicherten zukommt, ergibt sich daraus, daß wenn ein solcher den Versicherungsfall herbeiführt, z. B. das versicherte Gebäude vorsätzlich in Brand setzt, er sich seinen selbständigen, d. h. von dem Anspruch des Eigentümers unabhängigen Ersatzanspruch verscherzt.

B. Was den Inhalt der Ersatzleistung anbetrifft (§ 7, II), so ist zu unterscheiden:

1. In dem Hauptfalle, der Versicherung des Substanz-(Verwertungs-)Interesses ("Versicherung der Sache" oben S. 28) wird auf die besondere Lage des Interessenten — des ursprünglichen oder jeweiligen — kaum je Rücksicht genommen [10], sondern es wird nur der sogenannte Sachwert (VVG. § 52) [11], das ist der gemeine Wert oder der Marktwert ersetzt [12], und wenn bei der Versicherung von Haushalts- und sonstigen Gebrauchsgegenständen, Arbeitsgerätschaften und Maschinen gegen Feuersgefahr derjenige Betrag ersetzt wird, welcher erforderlich ist, um Sachen gleicher Art anzuschaffen, unter billiger Berücksichtigung des aus dem Unterschiede zwischen alt und neu sich ergebenden Minderwerts (VVG. § 86), so wird auch hier nicht auf die Person des einzelnen Versicherten Rücksicht genommen, auch hier handelt es sich um Wertberechnung auf Grund eines Massenverkehrs (oben Seite 49).

---

[10] Wie Kisch, Jh. 63 S. 369, 372, 380 oben zu einer anderen Auffassung kommt, ist unersindlich. Den Gegensatz des Werts, den ein Interesse (gewöhnlich sagt man "eine Sache") für eine bestimmte (konkrete) Person oder ein bestimmtes (konkretes) Vermögen hat, bildet nicht der Wert, den es für die Volkswirtschaft (so Kisch), sondern der Wert, den es für jede Person und für jedes Vermögen hat, der sogenannte gemeine oder Sachwert, auch abstrakter Wert genannt.

[11] Mit Unrecht wird der § 52 zum Beweise angerufen, daß das VVG. die Versicherung des subjektiven Interesses vorsieht (z. B. Weygand S. 33). Er besagt vielmehr ein Doppeltes: 1. daß eine Versicherung "der Sache" im Zweifel lediglich die Versicherung des Substanzinteresses, nicht des Nutzungsinteresses bedeutet, einerlei, wer eine derartige Versicherung eingeht, und 2. daß bei einer derartigen Versicherung im Zweifel nur "der Sachwert" ersetzt, nicht Schadensersatz im Sinne des BGB. ("das Interesse" im Sinne der üblichen Juristensprache oben S. 6, S. 10) geleistet wird. Dieses letztere bedeutet also gerade die Negation des subjektiven Interesses.

[12] Ausführlich Ehrenberg in Zeitschr. f. Vers. Wiss. VI S. 370 ff.

2. Für die Versicherung des **Nutzungsinteresses** (oben S. 35 ff.) muß man abermals unterscheiden:

a) Bei der Feuerversicherung gegen Betriebsverlust findet der Ersatz natürlich unter Berücksichtigung des einzelnen Betriebs, aber ohne Rücksicht auf die Person des Betriebsunternehmers nach Durchschnittswerten statt; diese Person kommt nur aus einem anderen Grunde auch für den Inhalt der Ersatzleistung in Betracht, nämlich weil die Vertrauenswürdigkeit des Versicherten hier eine besonders große Rolle spielt (oben Seite 49 ff.).

b) Bei der Seeversicherung wird der imaginäre Gewinn schablonenmäßig, im Zweifel mit zehn Prozent vom Wert der Waren ohne Rücksicht auf die konkreten Umstände, geschweige denn auf die Person des Interessenten vergütet (HGB. § 801 II).

IV. Hieraus ergibt sich, wie verkehrt es sein würde, zu sagen, daß unser Versicherungsrecht die Versicherung des objektiven oder die Versicherung des subjektiven Interesses zum Prinzip erhoben hat; keine prinzipielle, sondern rein praktische Zweckmäßigkeitserwägungen lassen die Person eines bestimmten (oder bestimmbaren) Interessenten bald mehr in den Vordergrund treten (so als Voraussetzung des Versicherungsfalls) bald mehr zurücktreten (so beim Inhalt der Ersatzleistung), beides, wie es die Bedürfnisse des Versicherungsverkehrs gerade mit sich bringen.

Während also die Art des versicherten Interesses stets durchaus feststehen muß, ist die **Person** des Interessenten bald von größerer, bald von geringerer, ja bisweilen von gar keiner Bedeutung für den Schadensversicherungsvertrag.

Dritter Abschnitt.

§ 9.

Versicherung mehrerer Interessen an demselben Gegenstande.

Unter mehreren Interessen kann man sowohl verschiedenartige Interessen wie die Interessen verschiedener Inter-

§ 9. Versicherung mehrerer Interessen an demselben Gegenstande. 63

essenten verstehen, und natürlich ist auch eine Kombination beider Möglichkeiten denkbar, daß nämlich verschiedenartige Interessen verschiedener Interessenten — an demselben Gegenstande — versichert werden. Dabei tauchen zwei große Fragen auf: einmal nach der **Art des Versicherungsabschlusses** und sodann nach der **Art der Verfügung über die Rechte aus dem Versicherungsverhältnis**, insbesondere der **Geltendmachung der Ersatzansprüche**, diese zweite jedoch nur dann, wenn mehrere Interessenten in Betracht kommen.

Eine allgemeine Bemerkung ist voranzusenden: Bisher hat man vielfach gleichartige Interessen als verschiedenartige angesehen und behandelt, zwar nicht schon deshalb, weil sie verschiedenen Interessenten zustehen (z. B. nicht die Interessen von Miteigentümern), auch nicht schon deshalb, weil der Wert des Interesses und damit die Höhe der Ersatzleistung verschieden ist (denn das ist auch bei Miteigentümern häufig der Fall), wohl aber dann, wenn die **Voraussetzungen des Versicherungsfalls** oder wenn der **Inhalt der Ersatzleistung** bei den mehreren Interessenten sich verschieden gestalten. Dies kann einmal dadurch der Fall sein, daß die Interessen der mehreren Interessenten in **verschiedenen subjektiven Rechten** ihren Ausdruck finden (oben S. 11 f., 31) oder dadurch, daß das eine Interesse ein **Haftpflichtinteresse** ist (oben S. 38 ff.). Es werden also alle diese Unterschiede zu berücksichtigen sein. Doch will ich mich mit einigen allgemeinen Hinweisen begnügen; eine eingehende Darstellung würde den Rahmen dieser orientierenden Abhandlung sprengen.

I. **Die Abschließung des Versicherungsvertrages.**

A. Bei Versicherung mehrerer Interessen **desselben Interessenten**, insbesondere des Nutzungsinteresses (Betriebsverlust, imaginärer Gewinn u. dgl., oben S. 27, 35 ff.) neben dem Substanz-(Verwertungs-)Interesse entstehen keine besonderen Schwierigkeiten. Die sogenannte „Versicherung der Sache" bezieht sich nur auf das Substanzinteresse, jedes andere Interesse muß also ausdrücklich versichert werden. Dabei kann z. B. in der Seeversicherung der imaginäre Gewinn zusammen mit den Gütern oder getrennt von ihnen versichert werden (HGB. §§ 801, 802): im ersteren Falle erhöht sich der Betrag des Substanzinteresses um den Betrag des Nutzungs=(Unternehmer=)Interesses, beide zusammen bilden dann den „Versicherungswert" (oben Seite 24); aber auch dann sind diese verschiedenartigen Interessen, und zwar in der Regel schon beim Abschluß des Vertrags, auseinander zuhalten, denn „in der einen dieser Versicherungen ist die andere nicht enthalten" (HGB. § 779 II), es muß also die gemeinschaftliche Versicherung stets ausdrücklich ausgemacht werden (VVG. § 53, HGB. § 801 I im Gegensatz zu BGB. § 252): das alles hat aber mit der Person des Versicherten nichts zu tun[1], sondern hat augenscheinlich den Zweck, zwischen den Parteien die erforderliche Klarheit über den Umfang des zu übernehmenden Risikos herzustellen und spätere Streitigkeiten über den Umfang der Ersatzpflicht fernzuhalten. Auch läßt sich nur so das Vorhandensein einer Über= oder Unter=versicherung sicher feststellen.

2. Ähnlich ist aus dem gleichen Grunde die Behandlung der oben (Seite 37; vgl. auch Seite 24 f.) von mir sogenannten Teilinteressen, die sich ebenfalls bei einem kaufmännischen oder industriellen Unternehmen finden und auf dem Gegensatz des Brutto= und Nettoertrags eines solchen Unternehmens beruhen. Insbesondere können die Unkosten eines Seefahrt=unternehmens (Ausrüstungskosten, Heuer, Versicherungskosten) in Gestalt der Bruttofracht zugleich mit dem Unternehmergewinn, der Nettofracht, sie können aber auch selbständig neben dieser ver=sichert werden (HGB. §§ 796, 800); im Zweifel ist aber das erstere anzunehmen, es gilt also die Bruttofracht als versichert (HGB. § 798 II). Hier ist nun aber sogar noch eine dritte Möglichkeit gegeben: diese Unkosten kann man auch als wert=erhöhende Verwendungen auf das Schiff betrachten und sie also als Kaskoversicherung mitversichern: dies muß aber wieder be=

---

[1] Insofern irrig Kisch, Jh. 63 S. 376. Vgl. nachher im Text B, 2.

§ 9. Versicherung mehrerer Interessen an demselben Gegenstande.

sonders vereinbart werden (HGB. § 796)[2]. Gleich hier sei bemerkt, obwohl es eigentlich unten zu II gehört, daß im Schadensfalle diese Teilinteressen wieder auseinanderzuhalten sind, indem für diejenigen kein Ersatz zu leisten ist, die infolge des Unfalls erspart wurden (HGB. § 800).

B. Bei der Versicherung **mehrerer Interessenten** bietet der Abschluß der Versicherung viel größere Schwierigkeiten, der Hauptfall ist neuestens als **Kundenversicherung** bezeichnet worden (oben Seite 42)[3], und hier fehlt es fast völlig an ausdrücklichen gesetzlichen Vorschriften. Die Frage stellt sich danach so, daß nach der **zweckmäßigsten** Art des Versicherungsabschlusses geforscht werden muß. Dabei ist das Leitmotiv: einmal Vereinfachung und Verbilligung der Versicherung und sodann Vermeidung von Prämienverschwendung, also von mehrfacher Deckung desselben Interesses. Ersteres ist schon dadurch möglich, daß der Versicherungsnehmer zugleich mit einer Versicherung für eigene Rechnung eine oder mehrere Versicherungen für fremde Rechnung eingeht, letzteres dagegen setzt voraus, daß das nach Voraussetzungen und Inhalt umfassendste Risiko versichert und dadurch das engere Risiko ohne weiteres mit gedeckt wird. Die Hauptfälle sind hier kurz zu besprechen; wir wollen dabei von der Unterscheidung nach gleichartigen und verschiedenartigen Interessen ausgehen.

1. Versicherung **gleichartiger** Interessen mehrerer Interessenten, und zwar:

a) Zunächst so, daß diese verschiedenartigen Interessen in identischen Rechten verkörpert sind. Dabei muß man aber beachten:

α) Wenn es sich um Mitberechtigte (oben § 3 S. 25), also um Miteigentümer, Mitnießbraucher, Mitpächter u. dgl.

---

[2] Diese gesetzlichen Bestimmungen werden besonders bedeutsam für den Fall, daß die verschiedenen Interessen (Kasko, Fracht) bei verschiedenen Versicherern versichert sein sollten.

[3] Die oben S. 42 Anm. 5 angegebenen Schriften handeln ausführlich davon. Zu der Schrift von Weygand siehe auch die anerkennende Besprechung von Hagen in ZfVersichWiss. 14 S. 734.

handelt, dann kann jeder Interessent sein (Bruchteil=) Interesse, es kann aber auch einer zugleich die (Bruchteil=)Interessen der übrigen Mitberechtigten mit versichern, und zwar entweder in ihrem Namen oder im eigenen Namen: nur im letzteren Falle hat er eine Versicherung für fremde Rechnung (im technischen Sinne des Worts) abgeschlossen. Wenn ein Mitberechtigter lediglich sein (Bruchteil=)Interesse versichern will, so muß klar hervortreten, daß er dieses sein Interesse ganz versichern will (das geschieht z. B. durch Versicherung von Schiffsparten), damit nicht der ihm erwachsene Schaden wegen Unterversicherung nur im Verhältnis der Versicherungssumme, also regelmäßig des Versicherungswerts seines (Bruchteil=)Interesses, zum Versicherungswert des Gesamtinteresses ersetzt wird (VVG. § 56).

β) Wenn es noch ungewiß ist, wem ein Interesse zusteht, (z. B. weil dies noch von dem Eintritt einer Bedingung oder dem Ausgang eines Prozesses abhängt: Alternativinteresse) oder wann es existent werden wird (z. B. weil eine Nacherbfolge angeordnet ist: Sukzessivinteresse) — vgl. oben Seite 20 — so müßte die von einem Interessenten abgeschlossene Versicherung von selber auch dem Alternativ= und Sukzessivinteressenten zugute kommen; aber nach der heutigen Rechtsanschauung würde dies nur dann eintreten, wenn die Versicherung „für Rechnung wen es angeht" abgeschlossen worden wäre.

b) Dasselbe Interesse — Substanz= oder Nutzungsinteresse — kann in verschiedenartigen Rechten verkörpert sein. Dies zeigt sich vor allem beim Substanzinteresse in den Rechten des Eigentümers und des (Grundschuld= oder) Hypothekengläubigers (oben S. 28 ff.), und, wie bereits mehrfach erwähnt, pflegt das Substanzinteresse beim Abschlusse des Vertrags nicht ausdrücklich als solches bezeichnet zu werden, vielmehr versteht man unter Versicherung der Sache eben die Versicherung dieses Interesses. Daher sind durch Versicherung „der Sache" neben dem bisher sogenannten Eigentümerinteresse auch die Interessen sämtlicher Hypothekengläubiger automatisch mit gedeckt (oben S. 34,

§ 9. Versicherung mehrerer Interessen an demselben Gegenstande. 67

III); sie bilden nicht, wie das Nutzungsinteresse, eine besondere Art von Interesse, und es würde daher auch keine unrichtige Angabe der Art seines Interesses sein, wenn z. B. der Hypothekengläubiger einfach „das Haus" gegen Feuersgefahr versicherte: trotzdem hätte er natürlich die Anzeigepflicht verletzt, wenn er sein Verhältnis als Nichteigentümer dem Versicherer nicht klar gelegt hätte[4]. Hat aber der Eigentümer sein Haus gegen Feuersgefahr versichert, so sind in Wahrheit auch die Hypothekengläubiger mit gedeckt, wenn gleich unser positives Recht (BGB. zusammen mit VVG.) diese Wirkung nur unter allerlei juristischen Gliederverrenkungen durchgeführt hat (oben S. 58 ff.).

c) Die oben unter A geschilderten sogenannten Teilinteressen, welche auf dem Gegensatz des Brutto- und Nettoertrags eines kaufmännischen oder industriellen Unternehmens beruhen, werden sich schwerlich jemals in den Händen verschiedener Interessenten finden und können deshalb an dieser Stelle auf sich beruhen bleiben.

2. Versicherung verschiedenartiger Interessen mehrerer Interessenten.

a) Wenn das Substanzinteresse und das Nutzungsinteresse an demselben Gegenstande (z. B. an einem Hotel) verschiedenen Personen zusteht, so kann es zweckmäßig erscheinen, daß jeder sein Interesse selbständig versichert, also der Eigentümer und der Pächter oder Nießbraucher oder eheliche Nutznießer; es kann aber auch einer von ihnen beide Interessen versichern, und da auch für den Nutzungsinteressenten die notwendige Voraussetzung seiner Nutzung ist, daß das Gebäude existiert, so ist es möglich, ja es besteht ein starkes Motiv, daß er auch das Substanzinteresse unter Versicherung bringt (oben S. 36), was ja Versicherung für fremde Rechnung, besser: Versicherung eines fremden Interesses sein würde. In der Tat hat das Bürgerliche Gesetzbuch (§ 1045)

---

[4] Begründung oben S. 22. Man pflegt hier, wie dort ausgeführt ist, trotzdem von unrichtiger Bezeichnung des Interesses zu sprechen (Sieveking, das deutsche Seeversicherungsrecht zu § 779 Anm. 20), was bei einem Bodmereigeber als Versicherungsnehmer erklärlich ist (oben Seite 32).

5*

vorgeschrieben, daß der Nießbraucher die Sache gegen Brand=
schaden und sonstige Unfälle auf seine Kosten unter Versicherung
zu bringen hat, falls die Versicherung einer ordnungsmäßigen
Wirtschaft entspricht, und zwar so, daß die Forderung gegen den
Versicherer dem Eigentümer zusteht; dem Nießbraucher soll (ähnlich
wie dem Hypothekengläubiger) lediglich ein dingliches Recht an
dieser Forderung, nämlich der Nießbrauch zustehen (BGB. § 1046 I):
jeder aber, Eigentümer und Nießbraucher, also Substanz= und
Nutzungsberechtigter kann verlangen, daß die Versicherungssumme
zur Wiederherstellung oder zur Beschaffung eines Ersatzes ver=
wendet wird (§ 1046 II).

Ähnlich würde die Rechtslage sich gestalten in anderen
Nutzungsverhältnissen, z. B. auch im Verhältnis von Reeder und
Ausrüster (HGB. § 510).

b) Viel verwickelter wird die Sache, wenn zu dem Substanz=
interesse und/oder Nutzungsinteresse der einen oder anderen Person
noch das Haftpflichtinteresse einer (zweiten oder) dritten Person
hinzutritt. Derartige Fälle kommen besonders in der Transport=
versicherung häufig vor, wo z. B. der Ladungsbeteiligte als Eigen=
tümer der transportierten Güter und die Transportunternehmer
(Frachtführer, Eisenbahn, Verfrachter) oder der Spediteur oder der
Lagerhalter wegen ihres Pfandrechts Substanzinteressenten, die letzt=
genannten aber zugleich Haftpflichtinteressenten sind, sei es, daß sie
Verschulden (eigens und das ihrer Leute) oder Zufall mit Ausschluß
der höheren Gewalt zu vertreten haben. Hier erscheint es im
allgemeinen als zweckmäßig, daß der Transportunternehmer oder
der Spediteur oder der Lagerhausunternehmer einfach das gesamte
Substanzinteresse, das als umfassendstes den Ladungsinteressenten,
also den Kunden dieser Personen zusteht, gegen jede Gefahr ver=
sichert, weil damit auch sein Interesse als Pfandgläubiger und in=
direkt auch sein Haftpflichtinteresse mit gedeckt ist. Ähnlich bei dem
Handwerker, der die bei ihm zur Aufbewahrung oder Ausbesserung
befindlichen Sachen seiner Kunden gegen Feuers= oder Diebstahls=
gefahr versichert. Da hier also das umfassendste Interesse das=

§ 9. Versicherung mehrerer Interessen an demselben Gegenstande.

jenige der Kunden des Versicherungsnehmers ist, so hat man — wie bereits mehrfach erwähnt — neuestens diese Versicherungsart als Kundenversicherung bezeichnet (oben Seite 42). Sie ist also eine Vereinigung von Versicherung für eigene und für fremde Rechnung, wobei das fremde Interesse als das umfassendste überwiegt; wo der Versicherungsnehmer überhaupt kein Interesse an der Erhaltung der versicherten Gegenstände hat, da ist es eine bloße Versicherung für fremde Rechnung, und das, was man als eigenes Interesse dabei bezeichnet hat, ist in Wahrheit nur Motiv zum Abschluß des Versicherungsvertrags, nicht aber ein versicherbares Interesse (oben Seite 13 f.).

II. Wo mehrere Interessenten an demselben Gegenstande als Versicherte in Betracht kommen (oben Seite 65), bedarf es weiter einer gesetzlichen Regelung

1. der Frage, wem die Verfügung über das Versicherungsverhältnis während dessen Dauer zusteht.

a) Das VVG. in den §§ 75, 76 hat dies nur soweit geregelt, als eine reine Versicherung für fremde Rechnung vorliegt; hier aber handelt es sich darum, daß auch der Versicherungsnehmer, nicht bloß andere Personen Interessenten sind, insofern kann man das Verhältnis mit der Rückversicherung (soweit sie Verteilung des Risikos bezweckt) vergleichen: dem Versicherungsnehmer kann „die Geschäftsführung" auch für die übrigen Interessenten anvertraut werden, weil er — gleich dem Erstversicherer gegenüber den Rückversicherern — an einer richtigen Behandlung des Risikos interessiert ist, sich also durch Vernachlässigung des Interesses der übrigen Beteiligten selber ins Fleisch schneiden würde. Der Versicherer seinerseits kommt dadurch in die Lage, daß er es überall nur mit einer Person zu tun hat, wodurch eine sachgemäße Behandlung des Risikos (Erfüllung der Anzeige- und Rettungspflichten, Vertragsänderungen, Kündigungen usw.) überhaupt erst ermöglicht wird[5].

---

[5] Vgl. Weygand S. 31, 32.

b) Bei Mitinteressenten (Miteigentümern, Mitpächtern usw.) wird es darauf ankommen, ob einer für die übrigen mit versichert hat, oder ob jeder sein Bruchteilinteresse selber unter Versicherung gebracht hat: im ersten Falle wird der Versicherungsnehmer ebenso wie im Falle a zu behandeln sein.

2. Wenn der Versicherungsfall eingetreten ist, dann fragt es sich ebenfalls, ob jeder Interessent selbständig vorzugehen hat, oder ob einer von ihnen befugt ist, bei der Geltendmachung des Versicherungsanspruchs gerichtlich und außergerichtlich für die übrigen mitzuhandeln.

a) Nach unserem positiven Recht kommen hier bei der Feuerversicherung die Hypothekengläubiger insoweit in Betracht, als sie gewisse Befugnisse haben, um sich gegen die Auszahlung der Versicherungssumme an den Grundstückseigentümer zu sichern. Normalerweise sollen sie durch Wiederaufbau des abgebrannten Gebäudes in ihrem Rechtsbestand gesichert werden (BGB. § 1130 und VVG. §§ 97—99).

b) Beim Nießbrauch steht die Versicherungsforderung ebenfalls dem Eigentümer zu (BGB. § 1045 I Satz 2) und der Nießbraucher ist dann dadurch gesichert, daß entweder der Versicherer nur an ihn und den Eigentümer gemeinschaftlich zahlen kann respektive für beide hinterlegen muß (BGB. §§ 1046 I, 1077; vgl. auch 1078, 1079) oder daß auch hier Wiederherstellung der untergegangenen Sache oder Beschaffung eines Ersatzes stattfindet (§ 1046 II, VVG. § 97).

c) Im übrigen ist nur soweit Vorsorge getroffen, als eine Versicherung für fremde Rechnung vorliegt (VVG. §§ 75, 76).

Printed by Libri Plureos GmbH
in Hamburg, Germany